Manuela Preuße

Von Angst bis Überforderung

Ein Alltagsratgeber für Erwachsene und Jugendliche

Bibliografische Information der Deutschen Nationalbibliothek:

Die Deutsche Nationalbibliothek verzeichnet diese Publikation in der Deutschen Nationalbibliografie; detaillierte bibliografische Daten sind im Internet über dnb.dnb.de abrufbar.

© 2021 Manuela Preuße

Herstellung und Verlag: BoD-Books on Demand, Norderstedt

ISBN: 9 783 755 740 414

Inhalt:

„Wo viel Gefühl ist, ist auch viel Leid"

Leonardo da Vinci

*

Für dich...

Dieses Buch widme ich all den Menschen, die tief gefallen sind und doch das Ziel haben, den Kopf zu erheben und wieder aufzustehen. Aufstehen aus dem tiefen dunklen Loch, in dem man sich gerade fühlt. Emotional niedergeschlagen, Verluste erlitten, Schicksalsschläge, die wie ein Tornado in das eigene Leben geschossen kommen. Ohnmacht und Hilflosigkeit lassen einen noch tiefer fallen. Gesundheit,-und Jobverlust können Folge sein.

Opfer zu sein in Beziehungen zu den Eltern, Partnern, Freunden oder in den Sozialen Medien sind allgegenwärtig. Enttäuschung, Einsamkeit, Verrat und Wut empfinden wir beim Zerbrechen zwischenmenschlicher Beziehungen ebenso. Und da wir Menschen sind und diese Kontakte zum emotionalen Überleben brauchen, sind wir so traurig und zermürbt, während wir durch diese Prozesse der Ohnmacht gehen.

Mobbing ist wohl die schlimmste Art der persönlichen Kriegsführung gegen einen Menschen. Die Täter von heute werden eines Tages den Spiegel vorgehalten bekommen. Heutige junge Männer, die sich als Täter in Sozialen Netzwerken aufführen, könnten mit sechzig Jahren die Erfahrung einer Lähmung durch Schlaganfall durchmachen und von ihrem Umfeld, Geschäftsleuten und Kollegen, gemieden werden, quasi als Ausgleich. Nun dies passiert vielleicht als Beispiel. Oder Frauen, die andere Menschen im Internet, mit ihren Kommentaren auf das äußere Erscheinungsbild, zerstören, werden selbst im Laufe des Lebens dick und hässlich, gemäß ihrer heutigen Äußerungen anderen gegenüber.

Liebe Leserin, lieber Leser,

ich wünsche dir auf dem Weg der persönlichen Bewältigung deiner Probleme viel Kraft, Mut und Hoffnung. Ich stehe dir bei. Aus diesem Grund habe ich dieses Buch geschrieben. Ich bin jetzt Mitte fünfzig, habe zwei Kinder und zwei Enkel und vor allem Lebenserfahrung. Lebenserfahrung im persönlichen sowie in verschiedenen beruflichen Bereichen. Ich habe auf einer neuropsychischen Station in einem Kinderkrankenhaus gearbeitet, auf einer psychischen Station in einer Reha, in der Seniorenbetreuung gearbeitet und als selbständige Lebensberaterin. Mich haben die Dinge hinter den Kulissen interessiert, also besonders die Entwicklung der Beziehungen der Menschen untereinander. Heute habe ich viel Zeit zum

Reflektieren. Und durch meine Tätigkeit in der Seniorenbetreuung ist mir die Möglichkeit gegeben auf Lebenswege und Erfahrungen anderer zu schauen, Menschen die der Gesellschaft viel gegeben haben und deren Erfahrungsschätze.

Ich spreche dich, liebe Leserin, lieber Leser, direkt an und werde mehr Themen aufwerfen als diese 36 Begriffe aus dem dir vorliegenden Inhaltsverzeichnis. Denn beispielsweise Eifersucht, Verlust, Mobbing und Schuldgefühle haben in verschiedenen Situationen des Lebens Einfluss und tauchen daher mehrfach auf. Diese müssen dann anders besprochen werden. Nicht alles, was es an Taten und Erlebten gibt, kann ich hier aufführen. Das Leben bietet so viele unterschiedliche Erfahrungen jedes einzelnen. Doch einen nächsten Schritt für dich aus deiner Misere heraus, findest du bestimmt. Und so möchte ich auch jeweils mit dem neutralen Abstand, den ich einnehmen kann, die einzelnen Empfindungen der Betroffenen als auch die Gesamtsituation, betrachten.

Anfangs wirst du in deiner Notlage nur einzelne Worte auffangen. Doch ich werde dir bei speziellen Themen auch Internetseiten geben, wo du zumeist polizeiliche oder Hilfe vom Bund bekommst, so dass du dich auf den nächsten Schritt fokussieren kannst. Dies hilft dir, bei dir zu bleiben und nach und nach den Kopf zu heben und wieder aufzustehen. Ich wünsche dir, liebes Wesen und uns gemeinsam viel Erfolg. Habe den Mut, genau auf deine Situation zu schauen, den Schmerz zu spüren, zu weinen, dein Thema zu bewältigen, anschließend loszulassen und bewusst vorwärts zu gehen. Gott liebt dich. Alles was du durchmachst ist aus höherer Sicht eine Reifung deiner Seele. Nimm sie an und steh auf wie Phönix aus der Asche!

Bitte beachte:

Alle hier von mir gebotenen Lebenshilfemöglichkeiten sind rein persönlicher Natur. Es obliegt der Entscheidung jedes Nutzers, welche Informationen ihm dienlich sein können. Alle hier vorliegenden Interpretationen sind meine eigenen und ersetzen nicht die Diagnosen von Ärzten, Therapeuten und Psychologen. Dies erwähne ich ausdrücklich. Denn im einzelnen können nur entsprechende Fachleute Diagnosen stellen. Daher sehe ich diesen Lebenshilfebegleiter hier als Zusatz für Trost und Mut für Menschen, die freiwillig ihr Leben anpacken wollen. Viel Erfolg...

Rechtshinweis:

Hiermit distanziere ich mich ausdrücklich von allen Inhalten sämtlich von mir empfohlener Webseiten in meinem Buch. Für die Inhalte der Webseiten sind die jeweiligen Betreiber zuständig.

Du musst nicht perfekt sein

Wenn du beispielsweise resignieren möchtest, unter Liebeskummer leidest, den Job verloren hast oder dich im falschen Körper fühlst, bitte, du bist ein Mensch, habe nicht den Anspruch an dich, perfekt sein zu müssen. Erstens, wer ist das schon? Und zweitens, wir sind Menschen. Wir machen Fehler, sind mal Opfer von Mobbing oder wir fühlen uns zerrissen oder leiden an Überforderung. Wer ist in solchen Situationen perfekt? Niemand. Gib dir nicht die Schuld, aber arbeite daran. Das heißt an dir. Wenn dir das Leben Krankheit, Trennung und Enttäuschung bringt, so schau hin, warum? Könntest du Ursachen durch falsche Lebensweisen gesetzt haben? Könntest du dir etwas vorgemacht haben? Ein kosmisches Gesetz heißt: "wie innen so außen, wie oben so unten". Was will ich damit sagen? Alles was dir widerfährt im außen, spiegelt dir dein Inneres, nämlich deine Ängste und Einstellungen wie Gedanken und Handlungen. Wir bekommen immer alles auf dem Silbertablett zurück serviert. Dabei müssen wir es nicht einmal verstehen. Und nach dem Gesetz der Anziehung, ziehen wir genau das an, was wir ausgesendet haben. Mit unseren Ängsten als Beispiel können wir es logisch nachvollziehen. Haben wir Angst vor Krankheit, so bekommen wir sie. Haben wir Freude und Frieden im Herzen, so ziehen wir Frieden und Freude an. Die vielen menschlichen Gefühle wie Wut, Hass, Eifersucht, Neid, Einsamkeit, Angst, Enttäuschung und Unzufriedenheit gehören einfach dazu. Und hier haben wir die Chance, daran zu wachsen, indem wir uns bewusst mit unseren Erlebnissen und zwischenmenschlichen Beziehungen auseinandersetzen. Du musst nicht perfekt sein. Keiner ist es. Du darfst aber das beste daraus machen. Viel Erfolg und Kopf hoch...

Angst

Angst vor Menschen

Angst vor anderen Menschen kann verschiedene Ursachen haben. Oft sind es traumatische Erlebnisse, die einen erst so werden lassen. Menschen, denen komplett seit ihrer Geburt die emotionale als auch soziale Bindung fehlte, werden folglich Zurückgezogenheit und das Leben mit sich allein bevorzugen. Behördengänge sowie Einkaufen in der Masse ist für sie mit psychischem Stress belegt, so dass diese Situationen weitestgehend gemieden werden. Misstrauen gegenüber anderen Menschen ist für sie täglicher Zustand.

Frauen und Männer, die in den Gefängnissen der Stasi waren oder in den Militärgefängnissen, haben als Inhaftierte Folter erlebt, die von der seelischen „Zersetzung" bis zur körperlichen Folter gingen. Den Menschen brechen und klein kriegen war gang und gäbe als Ziel der Folter. Nach dem Freikauf durch die

BRD wurde ehemaligen DDR-Bürgern aus den Gefängnissen sechs Monate durch Krankschreibung gegeben, um sich wieder zu regenerieren und anschließend am normalen Arbeitsleben teil zu nehmen.

Etliche Frauen und Männer laufen noch bis heute mit bleibenden Schäden durch die Welt. In Berlin begegne ich recht oft solchen, die Selbstgespräche führen auf den Bahnsteigen und Straßen. Einige von ihnen schreien in das Nichts hinein und schimpfen, teils mit sehr politischen Anteilen. Dabei sind sie nicht betrunken. Im ehemaligen Stasi-Gefängnis in Hohenschönhausen kann man sich von damaligen Häftlingen durch Führungen die Umstände anhören und die Zellen zeigen lassen. In der Ausstellung nebenan werden Dokumente, Sprachaufnahmen und Fotos von bekannten Menschenrechtlern gezeigt, die beobachtet, verfolgt und anschließend von der Stasi inhaftiert worden. Es gibt einige Adressen im Internet zu finden, wo sich Betroffene hinwenden können, auch heute noch.

adressen.pdf-Stasi-Opfer auf www.stasiopfer.com

Diese Internetseiten bieten eine Übersicht über Vereine, Verbände, Initiativen und Institutionen mit Beratungsangeboten für Opfer Politischer Verfolgung in der SBZ /DDR.

Nicht zu vergessen sind all die Heimkinder in der ehemaligen DDR, die ihren Eltern entrissen wurden, welche sich gegen den Staat auflehnten. Oftmals bekamen diese Kinder auch einen neuen Namen. Bis heute wissen es viele gar nicht, wer ihre leiblichen Eltern sind. Nicht selten wurden diese Kinder als normal angesehen. Die Staatsmacht hatte auch diese bereits in ihrer Mangel und mit ihnen gemacht was sie für richtig hielt. Doch seelische Narben blieben. All den Erwachsenen, die damals Kinder waren und das Gefühl haben noch nachforschen zu wollen, weil ihr Herz sagt, dass es Aufarbeitung bedarf, empfehle ich dies zu tun. Denn eine gefühlte Ungewissheit über die eigene Familie und Vergangenheit haftet stetig an einem. Und wenn es am Ende „nur" Gleichgesinnte sind, die ähnliche Schicksale erlebten, so ist man dann doch nicht mehr allein mit seinem Schicksal. Bitte trauen Sie sich und gehen noch einmal in den Schmerz. Aber nun ist es geteilter Schmerz. Es gibt weitere Internetadressen zu diesem Thema für Betroffene. Viel Erfolg auf Ihrem Weg, Mut und Hoffnung...

www.ddr-heimerfahrung.de

Fragen, die Angehörige an die Betroffenen stellen sollten:

*Was brauchst du jetzt?

*Wo kann ich helfen?

*Was wünschst du dir?

*Was sind die nächsten Schritte?

Angst vor den Kollegen

Es gibt fast überall Menschen, die zu den Kollegen gehören in unterschiedlicher Branchen und sich daneben benehmen. Damit meine ich massives Mobbing. Man kann auch erst im Laufe der Zeit zum Opfer gemacht werden. Nicht immer entstehen Situationen sofort, dass man sich auf der eigenen Arbeit nicht wohl fühlt und eine Angst gegen die Kollegen erst entwickelt. Zu diesem Thema gehe ich bei „Mobbing" weiter hinten ein.

Angst vor dem Partner

Die Liebe siegt leider nicht immer. Anfangs ist die Begegnung und die anfängliche Beziehung oder Ehe rosarot. Man ist verliebt und happy. Und vielleicht hat man auch gemeinsame Lebensentwürfe besprochen, die sich nur als Umriss zeigten. Und im Gefühl der Glückseligkeit ist alles harmonisch. Doch zeigt sich oftmals beim Zusammenziehen in einen gemeinsamen Haushalt, dass die, beispielsweise verschiedenen Kulturkreise, denen man angehört, gar nicht zusammen passen. Die Frau ist deutscher Herkunft und der Mann aus einem muslimischen Land. Daheim bei ihr lässt er dann den Pascha raus hängen und benimmt sich nicht gleichberechtigt, so wie es deutsche Frauen meist gewohnt sind. Er lässt sie alles machen und bestimmt den Ton. Die Frau nimmt diese Einschüchterung

16

als Bedrohung wahr und entwickelt Angst vor ihm. Angst vor dem Mann, den man doch liebt. Dies kann schnell zu einer Hass-Liebe werden und toxisch. Wer sich dort nicht Hilfe bei den Eltern oder anonymen Beratungsstellen holt ist oftmals in einer langen Verkettung von Verstrickungen in Zukunft gefangen. Hier spreche ich aus Erfahrungen, die auch ich als junge Frau machte. Sicher gibt es auch Fälle, wo es toleranter zugeht in der Beziehung.

Bei jungen Frauen und Mädchen ab ca. 13 Jahren gibt es auch die Erfahrung mit sogenannten "LOVERBOYS". Diese meist schönen Männer manipulieren gezielt Mädchen und junge Frauen mit dem Ziel, dass diese sich in sie verlieben. Durch hohe Aufmerksamkeit wie Geschenke und Liebesgeflüster machen die Loverboys die Mädchen und Frauen von sich abhängig. Wer möchte nicht als Frau mit Komplimenten verzaubert werden? Auf diese Männer reinzufallen ist daher recht leicht. Und in der Pubertät, wo man als Mädchen vielleicht verzofft ist mit den Eltern, also heimlich Treffen hat, die die Eltern sowieso nicht erfahren sollen, kann die Zuwendung eines attraktiven charmanten jungen Mannes viel bewirken. Was die Mädchen und Frauen aber nicht wissen können, ist das Ziel der Loverboys, diese durch ihre vermeintliche Liebe von sich abhängig zu machen. Durch das Überhäufen mit Geschenken, Ausführen zum Essen und Capriofahrten werden die Mädchen und Frauen zum Luxusleben verführt. Und langsame Erpressung zum Sex mit anderen Männern sind die Folge. Aus "Liebe" zum Loverboy sind sie allmählich gefügig gemacht, um ihm im Prostitutionsgewerbe zu dienen.

Es ist nicht einfach, aus dieser Abhängigkeit später auszubrechen. Die Frauen wissen oft nicht, dass sie sich nun im organisierten Verbrechen befinden. Und sie kennen auch nicht die Strukturen und weiteren Hintermänner. Wer diese Zeilen liest und Hilfe braucht, kann sich an die Organisation Weisser Ring wenden: www.weisser-ring.de

Eine Anzeige kann man ohne Online-Rückverfolgung unter der Anweisung folgender Website der Polizei machen: www.lka.polizei-nds.de

Fragen, die Vertrauenspersonen stellen sollten:

*Was brauchst du jetzt?

*Wo kann ich helfen?

*Was wünschst du dir?

*Was sind die nächsten Schritte?

Angst vor der Presse

Egal ob prominent oder nicht, als Mensch ist man oder sollte man Herr der eigenen Lage bleiben. Unabhängig, warum einem die Presse belagert, ob nun als Opfer, Täter, Politiker oder aus

18

sonstigen gesellschaftsrelevanten Interessen, es ist einfach nervig für die meisten. Und nicht immer möchten Mitarbeiter der Presse positives Feedback erhaschen sondern das Gegenteil. Negative Schlagzeilen verhelfen immer noch zu mehr Aufmerksamkeit und Quote.

Für die Presse gilt offiziell der "PRESSEKODEX". Dieser Pressekodex legt die Richtlinien für die journalistische Arbeit fest. Dort ist auch der Opfer-und Täterschutz deklariert. Sie finden die Infos auf www.presserat.de

Sollten Sie anwaltliche Hilfe benötigen, suchen Sie sich einen Fachanwalt für Medienrecht.

Weiter hinten gehe ich bei "Sozial Media Opfer" intensiver auf dieses Thema ein.

Angst vor dem Zeugnis

Kinder erwarten ihr Zeugnis, denn die Ferien hängen anschließend an. Doch unerwartete schlechte Zensuren können die Kinder fertig machen. Wenn sie wissen, welche hohen Erwartungen die Eltern haben, droht ihnen vielleicht Taschengeldentzug, Stubenarrest oder die Fahrt in das Kinderferienlager oder zu Oma und Opa wird ausgesetzt. Erwartete Beschimpfungen seitens strenger Eltern können schon genügen, dass Kinder sich nicht nach Hause trauen. Eltern meinen es aus ihrer Sicht immer gut und denken "das

Beste für ihre Sprösslinge zu tun". Die Sicht der Kinder ist Hilflosigkeit, dem Gefühl, den Eltern nicht zu genügen und Angst.

Als Erwachsener Angst vor dem Zeugnis zu haben, kann oftmals mit dem weiteren direkten Werdegang zu tun haben. Schafft man das Abitur nicht, ist das Hochschulstudium gestrichen. Eine Karriere im großen Ausmaß als Arzt beispielsweise ist gescheitert. Auch hier können die Eltern zusätzlich den Erwartungsdruck aufgebaut haben. Viele Menschen in jungen Jahren sind auch nicht frei von Druck und Erwartung an sich selbst. Damit meine ich, dass ihnen die Spontanität fehlt, umzudenken. Die Leichtigkeit, die einem freiheitsliebenden jungen Menschen zusteht, ist gar nicht erst vorhanden. Wie steht man vor den Kumpels da, die das Abi geschafft haben? Es bedarf eines starken Selbstvertrauens und Selbstwertgefühls sich trotz alledem selbstbewusst darzustellen und entsprechend einen anderen Beruf zu suchen. Insgesamt ist Eltern anzuraten, ihren erwachsenen Kindern positiv und aufbauend zur Seite zu stehen. Die Gesellschaft baut genug Druck auf, wo man sich in seinem Arbeitsleben beweisen muss. Der Erfolgsdruck von Eltern und Gesellschaft können sich manchmal in eine Spirale des Erfüllungsgehilfen wandeln, dessen Individuum gar nicht mehr selbst zu fühlen ist. Depressionen und Burnout können die Folge sein.

Insgesamt möchte ich Betroffenen empfehlen, sich ihrer eigenen Stärken und Schwächen bewusst zu sein und dazu zu stehen. Beides ist sicher ins Positive ausbaubar, je nach dem was man benötigt. Und Beratungsstellen für neue Berufsrichtungen findet man auch überall. Machen Sie sich als Betroffener den Kopf frei, atmen Sie durch und starten vielleicht vorerst in ein Freiwilliges Soziales Jahr, wo Sie sich in Ruhe neu orientieren können.

Aber das Abi kann man auch nachholen an einer Abendschule oder im Fernkurs. Die Prüfungen kann man erbitten nachzuschreiben. Hier sind Hilfestellungen zu finden:

www.nach-dem-abitur.de/abitur-nicht-bestanden

Angst vor der Diagnose

Jeder von uns hat oder wird in seinem Leben Diagnosen durch Ärzte oder Therapeuten bekommen. In jungen Jahren kann es eine schiefe Wirbelsäule sein, Platt-oder Spreizfüße, die vom Orthopäden diagnostiziert werden, ein Zahnschiefstand, der eine Spange nach sich zieht zu tragen oder ein angeborener Herzfehler, der später entdeckt wurde. Im mittleren Alter wird bereits ein hoher Blutdruck oder Burnout festgestellt. Doch am schlimmsten sind für Betroffene heillose Krankheiten, beziehungsweise, vor denen man besonders Angst hat. Dies sind vielfach Diagnosen für bösartige Geschwüre, Zysten, Krebs sowie Neurologische Krankheiten wie Multipler Sklerose, Epilepsie, Parkinson und Schlaganfälle. Und die Alzheimer Krankheit ist leider sehr auf dem Vormarsch in Deutschland.

Nach Unfällen, wie im Straßenverkehr, bei Bränden, Fluten, Einstürzen oder Nahtoderfahrungen, können irreversible Schäden auftreten, die das Leben des Betroffenen sofort in eine Lähmung versetzen, ein geistiger Schockzustand, wo man nicht mehr weiß, wer man ist. Bis hin zu Suizidgedanken können diesen Menschen ihre ursprüngliche Freude am Leben verlieren lassen.

In solchen Situationen ist es ganz wichtig, sich jemanden, wie Familienmitglieder oder Freunden anzuvertrauen. Auch wenn man nach und nach dabei ist die Lage zu beherrschen, so kann man auch unbemerkt monatelang in einem Schockzustand sein. Man funktioniert soweit, aber die Seele kann es noch nicht fassen. Tränen fließen vielleicht erst viel später, wenn das Gefühl wieder kommt. Ab diesem Zeitpunkt beginnt die Aufarbeitung parallel verstandesmäßig und emotional. Bitte suchen Sie sich Hilfe beim sozialmedizinischen Dienst Ihrer Krankenkasse, beim Therapeuten, ihrem Arzt und vertrauen Sie sich Ihrer Familie an.

Wenn Sie noch vor einer Kundgabe einer Diagnose stehen, nehmen Sie sich eine Vertrauensperson mit. Diese kann Sie beim Gespräch mit dem Arzt und emotional unterstützen und sicher anschließend nach Hause bringen. Ignorieren Sie Diagnosen nicht. Sollten Sie Ihre Diagnose anzweifeln, so haben Sie das Recht auf eine Zweitmeinung.

Zur Abklärung unklarer oder seltener Diagnosen steht Ihnen folgender Link zur Seite: www.ukw.de

ZESE-Zentrum für Seltene Erkrankungen Nordbayern

*Was brauchst du jetzt?

*Wo kann ich helfen?

*Was wünschst du dir?

*Was sind die nächsten Schritte?

Angst zu verlieren beim Sport, im Job, das Gesicht

Das Leben ist aufregend und mit Höhen und Tiefen gepflastert. Der Weg ist das Ziel. Daher gehören Rückschläge dazu. Aber warum haben wir eigentlich Angst vor dem Versagen? Seit der Kindheit sind wir mit Forderungen, Anforderungen und Leistungsdruck behaftet. Irgendwer und wir selbst erwarten von uns gute bis sehr gute Leistungen. Sei es im Sport, im Job, als Politiker, Sänger und als Eltern. Überall begleitet uns die Angst unser Gesicht zu verlieren. Dies wird auch sicher jedem mindestens einmal im Leben passieren. Wie reagierten heute erfolgreiche Menschen auf Niederlagen? Durch die Bank weg sagen alle, sie stehen wieder auf, klopfen sich den Staub ab und fangen von vorne an. Hier kann ich zur Motivation folgendes Buch von Frank Arnold empfehlen:

"Management; Die Top-Tools der Besten" (Was Erfolg ausmacht!)

Besonders im Sport, bei Wettbewerben im Gesang beispielsweise oder bei Ausschreibungen auf eine Führungsposition im Job, kann nur einer gewinnen. Einer ist ganz vorne, gekürt der Erste zu sein, die Spitze. Wenn Sie solch hohe Ambitionen haben, der Sieger zu sein, dann werden Sie auch kämpfen müssen wie ein Sieger. Wie wir wissen aus der Presse, werden Sieger im Sport, Job und Politik hoch gefeiert...doch genau die selben erfolgreichen Personen fallen tief, wiederum durch die Presse, wenn sie überholt werden, Fehler machen und verlieren. Angst ist legitim. Doch ein Sieger muss auch lernen aus dem tiefen Loch wieder aufzusteigen. Gerade diese Erfahrungen des Scheiterns sind unsere Erfolgsbausteine hin zum Erfolg. Hätten diese Erlebnisse uns nicht hart gemacht und reifen lassen, wären wir als Sieger auch nicht stark genug, diesen zu erhalten.

Das Gesicht zu verlieren, kann auf jeder großen oder kleinen Weltbühne passieren sowie im Internet. Hier gilt es zu schauen, was an Kritik berechtigt ist. Daran können wir arbeiten. Ansonsten empfehle ich erst einmal Rückzug, sich sammeln, Verstärkung holen, lernen und weiter machen…

Unter "Mobbing" und "Sozial Media Opfer" finden Sie weiter hinten im Buch mehr zum Thema.

Angst vor dem eigenen Tod

Tabuthema Tod, der eigene Tod naht oder kann nahen als Folge durch Krankheit oder Unfall. Wer von Ihnen hat eine PATIENTENVERFÜGUNG?...diese ausgefüllt zu Hause mit Unterschrift zu liegen? Gerade die Menschen, die mir in meiner Arbeit anvertrauten, am liebsten sterben zu wollen, hatten keine Patientenverfügung. Diese dient dazu, den eigenen Familienmitgliedern, meist den eigenen erwachsenen Kindern, die Entscheidung abzunehmen, die Ärzte im Ernstfall von den Angehörigen einfordern.

Sind Sie beispielsweise nach einem Unfall im Koma und haben keine Patientenverfügung vorbereitet für Ihre Liebsten, so werden diese mit der Entscheidung der Ärzte leben müssen. In meinem Bekanntenkreis lag eine Frau vier Jahre im Koma bis sie starb. So lange zitterten auch ihre Familienmitglieder mit. Außerdem kann es sehr grausam für Kinder sein, zu entscheiden, ob Beatmungsgeräte abgeschaltet werden sollen oder nicht. Deshalb ist eine Patientenverfügung sehr wichtig. Man sollte sie ausfüllen, wenn es einem noch gut geht, damit man klar im Kopf ist. Die Ärzte sind am Erhalt des Lebens verpflichtet.

Genau solche Entscheidungen kreuzt man selbst nach eigenem Gewissen in der Patientenverfügung an, vorher. Diese ist auch zu Operationen in Krankenhäuser mitzunehmen, falls etwas passiert und die Ärzte schnelle Entscheidungen vor Ort treffen müssen. Denn die Verwandten sind im Ernstfall emotional überfordert. Daher empfiehlt es sich auch, mit den erwachsenen Kindern und dem Partner/Partnerin darüber vorab zu sprechen. Die Patientenverfügung ist ein Dokument und kann als PDF verschiedentlich ausgedruckt werden. Sie gibt es auch in Schreibwarengeschäfte und Buchläden zu kaufen.

Doch wir sprachen von der Angst vor dem eigenen Tod. Dieser kommt bei jedem irgendwann. Angst hat man eher davor, dahin zu siechen oder vor schwerer schmerzlicher Krankheit. Das schauen sich junge Menschen ungern an. Der Übergang in das Nichts oder eine andere Dimension geht jedoch schnell. Das ist der eigentliche Tod. Wenn man die Menschen dann weiter befragt, kommt heraus, dass die Angst eigentlich darin begründet ist, zu kurz gelebt zu haben, nicht alles erreicht zu haben, nicht alles begradigt zu haben, Schuldgefühle offen zu haben, seine Liebsten lange nicht gesehen zu haben…

Was lernen wir daraus? Wir könnten uns entscheiden, bewusster zu leben, die Liebsten öfter zu besuchen, Dinge gerade zu rücken und vor allem zu vergeben. So wären wir ruhiger auf dem Sterbebett. Aber um selbstverschuldeten vorzeitigen Tod vorzubeugen, können wir besonders viel tun. Verkehrsunfälle vermeiden durch Achtsamkeit im Straßenverkehr. Weitestgehend könnten wir auch unser Leben stressfrei umgestalten. Dies ist in unserer westlichen Gesellschaft extrem schwer. Ich habe selbst in acht verschiedenen Berufsbranchen gearbeitet. Und nur die Selbständigkeit hat mir die Freiheit gegeben, meine Arbeit nach dem persönlichen biologischen Rhythmus zu gestalten und mir auch die Kunden weitestgehend auszusuchen beziehungsweise nach meinen Richtlinien zu arbeiten. Die wenigsten Menschen trauen sich das. Aus Angst vorm Scheitern resignieren viele schon, bevor sie je ein Marketingkonzept zu ihrer Idee verfasst haben. Dies wäre aber der erste Schritt...

Schreiben Sie sich alles auf was Sie an Sehnsucht für ihr Leben haben, beruflich wie privat. Sehen Sie es sich nach drei Monaten wieder an und nun schreiben Sie beherzt daraus ein Konzept, Schritt für Schritt, wie sie es umsetzen können. Ist Ihre Idee erst einmal auf Papier, werden Sie merken, wie Ihnen die weiteren Puzzleteile zufliegen. Vervollständigen Sie Ihren Plan und besprechen Sie ihn mit Vertrauten. Natürlich mit ihrem Partner und der Partnerin! Viel Erfolg beim Umsetzen...

Viele Menschen in der westlichen Welt haben einen zu hohen Blutdruck. Dieser ist Vorreiter für Herz-Kreislauferkrankungen sowie die Gefahr des Schlaganfalls. Tabletten helfen zwar bei der Senkung. Doch die Ursachen sind in unseren Lebensverhältnissen zu finden. Übergewicht, Stress, falsche Ernährung, mangelnde Bewegung und Schockerlebnisse können hohen Blutdruck auslösen. Nun liest man das zwar, auch als bereits Betroffener, doch tatsächlich sein Leben umzustrukturieren fällt in die Bequemlichkeit des morgigen Vergessens. Wenn man Vater oder Mutter kleiner Kinder ist und das Arbeitsleben genau auf die Kinder und Kita abgestimmt, so ist man froh, es über die Runden zu schaffen. Man hat seine Arbeit, Einkommen und wenig Zeit ansonsten für sich. Bitte planen Sie unbedingt als Elternpaar eine Umstrukturierung Ihres Lebens, wenn Sie neu und gesünder leben wollen. Durchaus ist ein Umzug geplant. Googeln Sie sich alternatives Leben mit Familien.

All den Menschen, die nicht mehr viel in ihrem Leben ändern können, genießen Sie jeden Tag soweit es Ihnen möglich ist. Hören Sie Ihre Lieblingsmusik. Haben Sie angenehme Gespräche. Schauen Sie aus dem Fenster. Lassen Sie sich nett bekochen. Nehmen Sie Ihren Körper so an wie er ist. Leben Sie bewusst. Alles Liebe…

Fragen, die Angehörige und Freunde an Betroffene stellen sollten:

*Was brauchst du jetzt?

*Wo kann ich helfen?

*Was wünschst du dir?

*Was sind die nächsten Schritte?

Behinderung

Eine Behinderung kann sichtbar oder nicht sichtbar sein, körperlich oder psychisch. Vielleicht hast du eine Behinderung seit Geburt. In diesem Fall gehört diese schon immer zu dir. Ein fehlender Arm oder ein fehlendes Bein beispielsweise sind deine offensichtlichen Markenzeichen. Und du hast keine Probleme damit. Es ist für dich normal und du empfindest dich auch so. Leider können andere Menschen oftmals damit nicht umgehen. Sie gehen dir aus dem Weg, Kinder hänseln dich oder reden hinter deinem Rücken. Das kann schon weh tun. Und du musst stark sein und stark bleiben. Später dann bekommst du vielleicht Prothesen, die deinem Wachstum auch angepasst werden. Und du bewegst dich wieder anders darin. Nimmst du dein Schicksal locker, eher wie ein Experiment und lachst dabei, so kannst du anderen Mut machen. Ich glaube, diese Vorstellung gefällt dir am besten. Manchen gelingt es auch später bei den Paralympischen Spielen teilzunehmen. Dies ist ein großartiges Ziel. Zeige der Welt, wer du bist, ob durch Sport, Musik oder andere Fähigkeiten.

Wie steht es um Menschen, die durch Krankheit oder Unfall eine Behinderung bekommen haben? Hier trifft der Einschnitt in das Leben meist hart und unverhofft. Der Schock nach einem Unfall muss erst überwunden werden. Dann kommt die Schockdiagnose über eine Behinderung, egal ob vorerst oder bleibend, sie ist ein Schock. Alles scheint zusammen zu brechen. Während meiner Ferientätigkeit auf einer Männerstation einer Orthopädischen Klinik erlebte ich Männer, junge Patienten, die von jetzt auf gleich Hals abwärts gelähmt waren. Der eine wollte Mädchen beeindrucken und sprang von einer Brücke in den Kanal. Der andere rutschte bei der Armee aus. Beiden wurden Nerven in der Wirbelsäule zerstört. So konnte das Gehirn zwar senden, doch die Bewegungen fielen aus. Die Hilflosigkeit stand ihnen ins Gesicht geschrieben.

Welcher Mann möchte sein Leben lang mit der Schnabeltasse versorgt werden und Hals abwärts gelähmt sein?

Doch auch Krankheiten können Behinderungen hervorrufen. So zum Beispiel Kinderlähmung oder Multiple Sklerose. Beide zeigen Einschränkungen in der Kraft und Beweglichkeit. Bei der MS zeigen sich auch Entmarkungsherde im Gehirn, dort fehlt die Myelinschicht, die mit der Zeit größer werden. Zellen sterben ab und wieder andere müssen neue Verbindungen suchen in der Gehirnstruktur. Leider ist die MS unberechenbar. Gefühlsstörungen, Lähmungen sowie "Ameisenkribbeln" sind oft Begleiterscheinungen. Erschöpfungen und Schübe sind Alltag, bei einem mehr, dem anderen weniger. Es können auch Sehstörungen auftreten.

Egal, welche Diagnose du bekommst, auf www.befunddolmetscher.de kannst du erst einmal nachschauen, worum es sich bei den Begriffen handelt.

Doch wie gehst du nun um mit deiner Diagnose? Wenn dir zum Kotzen ist, kotze. Wenn dir zum Weinen ist, weine. Wenn du schreien willst, schreie. Niemand kann dir deinen Zustand abnehmen. Du fühlst ihn und es muss raus. Wenn deine Wut anfangs sich gelegt hat, überlege dir, wem du vertrauen kannst, wer dir am besten helfen kann in deinem Familienkreis. Freunde sind auch gut, auf die man sich verlassen kann. Hier zeigt sich dann auch im Laufe der Zeit, wer wirklich Freund ist. Nimm dir eine psychologische Betreuung. Sie wird dir auch im Krankenhaus empfohlen. Anfangs musst du dich aufgefangen fühlen, mit deiner Wut verstanden.

Später dann, wenn du für deinen Verstand weißt, was zu tun ist im Alltag als Unterstützung, kannst du selbst Schritt für Schritt neu anfangen. Trau dich auch recht schnell auf die Straße, damit du keine weiteren Ängste vor den Menschen entwickelst. Neben den Ärzten und Therapeuten empfehle ich immer nach einer Selbsthilfegruppe zu suchen. Entweder gibt es die in einer Großstadt oder mindestens online, wo du auch anonym sein kannst. Die Erfahrungen anderer Betroffener sind unbezahlbar für dich. Denn es sind meist die Menschen, die dich am besten auffangen können, die kein Blatt vor den Mund nehmen und gemeinsam nach Lösungen suchen. Das macht stark. Gerade wenn du auch bleibende Schäden haben solltest, so findest du vielleicht genau in deiner Selbsthilfegruppe den Partner oder die Partnerin fürs Leben. Die Hoffnung ist immer da. Denn auch dich wird die Behinderung in irgend einer Form verändern, dich reifer machen, wo auch du nicht mehr der alte oder die alte sein wirst. Daher werden frühere Freunde aus deinem Leben verschwinden. Sei nicht traurig darüber. Vorwärts kommst du mit der gemeinsamen Kraft der Gleichgesinnten. Und denk an deine Eltern. Wenn du sie nicht verstößt, werden sie dir immer beistehen. Ich wünsche dir viel Glück.

Fragen, die Angehörige und Freunde an Betroffene stellen sollten:

*Was brauchst du jetzt?

*Wo kann ich helfen?

*Was wünschst du dir?

*Was sind die nächsten Schritte?

Beschuldigung

Vernachlässigung der Aufsichtspflicht

Bist du gerade in der verzweifelten Lage beschuldigt worden zu sein? Damit meine ich nicht die Schuld, die dir ein Gericht zusprach. Diesem Urteil hast du dich zu beugen. Ich meine eine Schuld, die du nicht begangen hast. Dies kann beispielsweise ein Autounfall sein, die Verletzung einer anderen Person, ein Brand in der Wohnung, das Zerbrechen von Beziehungen zu Freunden oder des Partners. Schuld wird dir gegeben, weil vermutlich Beweise fehlen. Oder in der Beziehung zum Partner kann es auch seine Unfähigkeit sein, die er dir nachträglich anhängt, um dir ein schlechtes Gewissen zu machen.

Beschuldigungen anderer Personen gegen dich wie Verkehrsunfall, Verletzungen anderer, Aufsichtspflicht vernachlässigt, all diese Dinge werden sachlich durch Behörden ermittelt und festgestellt. Wir Menschen machen Fehler, sonst wären wir keine Menschen. Sollten die Beschuldigungen gegen dich erwiesen sein, so ist es erst einmal eine Tatsache, die du annehmen musst. Verzweiflung,

32

Wehmut und der Verlust des Berufes können dich begleiten, falls du einen Unfall in deiner Gruppe in der Kita beispielsweise hattest. Ein Kind kippelt mit dem Stuhl und fällt gegen die Heizung, verletzt sich und die Eltern haben nichts besseres zu tun als gegen dich zu klagen.

Natürlich wolltest du nicht, dass deinen dir anvertrauten Kindern etwas passiert. Du liebst deinen Job, weil du Kinder liebst. Die Aufsichtspflicht gegenüber vielen Kindern zu behalten, ist sehr anstrengend. Oder möglicherweise ging ein Kind auf Toilette. Dort spielt es am Rohr herum oder lässt Wasser im Waschbecken zum Überlaufen bringen. Du springst als Erzieherin nun vom Gruppenraum zu der Einzelperson im Bad. Wenn die Kita personell unterbesetzt ist, so musst du alles gleichzeitig und allein meistern in deiner Gruppe. Dies ist nur ein Beispiel. Wer hat Schuld?

Unterbesetzung des Personals als Ursprung für eventuell folgende Missgeschicke sind leider auch in pflegerischen Berufen gang und gäbe. Damit meine ich Seniorenheime, Kliniken, betreutes Wohnen. Ich arbeitete neben Kitas, Kinderstation im Krankenhaus auch auf einer Reha-Station für Schlaganfallpatienten. Innerhalb sechs Monate konnte ich dreimal für Patienten den Notruf holen. Nachdem ich gekündigt hatte, fehlte Personal meines Postens auf drei Stationen und Corona brach in Deutschland aus. Es ist auch eine schwere Entscheidung der Verantwortlichkeit in solchen Berufen mit Menschen zu arbeiten. Da ich die Branchen kenne, habe ich persönlich den höchsten Respekt vor den Mitarbeitern. Und nicht immer kann man gleichzeitig auf alles achten und überwachen. Wir sind Menschen. Jeder von uns wird mal Opfer oder Täter sein von Unfällen oder schwierigen Situationen. Schuld ist nicht immer objektiv zu bewerten.

Beschuldigung am Zerbrechen einer Ehe

Die Beschuldigung am Zerbrechen einer Ehe oder Partnerschaft kann niemals einer Partei von beiden zugesprochen werden. Eine Beziehung ist ja immer ein Wirken von Aktion und Reaktion im Wechsel miteinander. So werden Gespräche geführt, meistens. Und das Handeln folgt dem ebenso. Sei es morgens beim Aufstehen, dem gemeinsamen Frühstück in der Küche, dem stressigen Tschüss sagen oder bei der Kindererziehung. Alles, was in unserer Beziehung passiert, ob miteinander oder gegeneinander, ist abzuwägen, welchen Wert sie jeweils hat. Tagesaktuell, wie an der Börse. Daher wechselt auch die Stimmung täglich. Der eine ist mehr zufrieden als der andere. Einer hat mehr Ansprüche als der andere. Einer fühlt sich weniger geliebt als der Partner es empfindet. Dies alles sind ständige Schwankungen, die auch die Kinder spüren und durchaus unsere Kollegen auf der Arbeit. Arbeit ist das richtige Stichwort. Beziehung ist Arbeit. Nicht nur vor der Ehe beim Anbaggern, sondern erst recht ab dem Eheversprechen. Beim gemeinsamen Zusammenziehen wird unsere Toleranz auf die Wünsche des Partners geprüft. Wer schläft auf welcher Seite, wer schnarcht und wie sollte die

Zimmertemperatur sein? All dies nach Nichtigkeit klingenden Dinge sind bei Trennungen durchaus vordergründig.

Das Thema Treue ist speziell. Hat man sich in Liebe kennen gelernt und keinen Grund gehabt, um über Sexualität und spezielle Vorlieben zu sprechen, so kann es sein, dass es ein Tabu bleibt. Denn Liebe ist ja die stärkste Kraft, wie man weiß und überwindet alles. Wer jedoch in seiner Beziehung und Ehe nie gelernt hat, miteinander über sexuelle Wünsche und Eifersucht zu sprechen, geschweige über die Ursache des späteren Fremdgehens, der wird bei der Trennung gleichsam Opfer und Täter. Bei diesem Beispiel möchte ich dich sensibilisieren, falls Beschuldigung im partnerschaftlichen Bereich auf dich zutrifft, dass du dir genau anschaust, wo jeder von euch seine Schwächen hat. Versuche dabei objektiv auf deine zerbrochene Beziehung zu schauen. Du wirst erkennen, dass jeder von euch Möglichkeiten gehabt hätte, einzugreifen in das Geschehen, meist durch andere Worte. Mut und Sachlichkeit fehlen oft im Gefecht der verbalen Erregung. Doch du hast die Chance, es für dich nachträglich zu analysieren und es nächstes mal besser zu machen. Vielleicht sogar als ein Neustart für die bisherige Beziehung. Sollte diese zum Scheitern verurteilt sein, so lerne erst recht daraus. Heule mal richtig über den Verlust, das Drama, das Ende, der Schuld und lass den Rotz fließen. Das Gehirn wird somit gereinigt und unter Schluchzen schläfst du ein. Der morgige Tag sieht schon anders aus...

Druck

Druck vom Chef, Druck von unten, Arbeitsdruck, Zeitdruck, Bluthochdruck- alles gefährlich auf Dauer. Sind wir dauerhaft solchem Stress ausgeliefert, kann dies folgenschwere Krankheiten nach sich ziehen. Zwischen Herzkreislaufkrankheiten und Burnout, bis zum Umkippen wörtlich, kann vieles durch den physischen Körper zum Ausdruck kommen. Oft bemerken wir nicht die kleinen Zeichen, die uns viel früher als Warnung dienen. Diese Zeichen sind bei Überlastung Schulter,-Rücken,-oder Kopfschmerzen, Magenprobleme, Durchfall, Müdigkeit und Erschöpfung. Daraus können auch Sehschwächen, Schwindel und Tinnitus entstehen. STOPP! Spätestens jetzt ab zum Arzt! Es gibt Jobs, in denen sich die Arbeitnehmer noch nicht einmal trauen, ihre Pausenzeiten zu genehmigen. Das alles wegen des Drucks und der daraus folgenden Angst den Job zu verlieren. Wenn Sie sich Ihre Situation als Außenstehender betrachten, was würden Sie diesem gestressten Menschen raten?

Er ist beispielsweise Familienvater und Versorger...so seine Argumente...er kann nicht anders, gefesselt im Hamsterrad. Oder die alleinerziehende Mutter, zwei Kinder, hilflos gefesselt im Hamsterrad…

Bitte versuchen Sie in eine Selbsthilfegruppe für Eltern zu gehen oder diese ins Leben zu rufen. Treffen Sie sich regelmässig und tauschen sich aus. Oma und Opa sind sicher froh, wenn sie die Kinder in dieser Zeit betreuen dürfen. Aber machen Sie ernst. Sie sind keineswegs allein. In der Gruppe finden sich konstruktive Lösungen, die ja von Gleichgesinnten, also Betroffenen, sind. Und dies kann schnellere Ergebnisse schaffen als vielleicht nur erst mal die Krankschreibung und das Verkriechen allein im Kämmerlein. Vor allem ist der Gedanke an die eigenen Kinder der Motor und die Kraft, bessere Lösungen für die Zukunft zu finden. Durchaus erstellt man in der Gemeinschaft von Eltern auch notwendige Petitionen an die Bundesregierung oder ein Schreiben an den Bürgermeister. Dieser hat mindestens Beziehungen und Wissen über die aktuelle Arbeitslage in seinem Umfeld. Oder man sucht Förderung in seiner Gemeinde für Freizeitgestaltung der Kinder. Im Gespräch mit anderen Eltern findet man vielleicht auch ein Jobangebot, das per Leumund vergeben wird und nicht in der ansässigen Zeitung zu lesen war. Schauen Sie nach vorn und hören auf Ihre innere Stimme, wenn die sagt, hier stimmt etwas nicht mit mir überein. Ändern Sie es. Sofort!

Druck ist wie wir wissen, schon eine Macke, der wir automatisch auch in der Freizeit hinterherlaufen. In Berlin rennen alle nach der Arbeit zur Bahn, zum Auto, jeder will nach Hause. Zwischenstopp beim Einkauf, weiter rennen mit dem Einkaufswagen, schnell noch einen Kaffee und Currywurst an der Bude rein geschoben und so weiter, jeden Tag. Das ist ansteckend.

Entschleunigung weit gefehlt! Außerhalb der Großstadt fühlt es sich meist viel entspannter an zu fahren, das Grün links und rechts zu genießen und durch die Dörfer zu gurken. Doch wie entschleunigt man selbst? Ich selbst ertappe mich draußen beim Dauerlauf durch die Straßen, atme nicht tief genug ein und aus und bin oft in Gedanken. Wenn es mir bewusst wird, halte ich an, bleibe stehen, schaue zum Himmel und atme erst einmal ganz bewusst ein und aus. Dann sage ich mir „Stopp!" und suche mir einen Ort, wo ich draußen sitzen kann und mir einen Kaffee genehmige. Also der Weg ist es zu schaffen, sich selbst zu stoppen in dem stressigen Moment. Auf der Arbeit könnte man vielleicht kurz zur Toilette gehen und sich Wasser ins Gesicht werfen. In der Pause ist ein Spaziergang an frischer Luft anzuraten, so dies zeitlich möglich ist.

Entschleunigen kann man auch durch Meditation erlernen. Da hier das ruhige bewusste Atmen trainiert wird als auch die Konzentration auf beruhigende Geschichten im Geist, kann man runter fahren und sich in Entspannung üben. Frauen lieben oft auch Wellness-Kurzurlaube, Entspannung im Hammam beispielsweise bei Sauna, Peeling und Massagen. Sport und Tanzen sind schöne Hobbys zum Auspowern und Genießen.

Bieten Sie Ihrem sonstigen Druck einen Ausgleich und vergessen Sie nicht die Gefühle dabei. Regen Sie Ihren Geist positiv an durch einen schönen Film im Kino, durch Treffen mit Freunden und einem sinnlichen Restaurantbesuch. Wenn Sie Kinder haben, dann lassen Sie diese mal bei einer befreundeten Familie übernachten und machen sich als Eltern und Ehepaar einen schönen Abend. Das andere Mal schlafen die anderen Kids bei Ihnen und deren Eltern haben Freizeit für sich. Das ist der schnellste Weg zur gegenseitigen Unterstützung. Viel Erfolg auf Ihrem Weg…

Doppelleben

Wenn Sie nicht gerade aktuell Agent sind und ein Doppelleben führen müssen, so waren es doch in der Vergangenheit viele zwischen Ost- und Westberlin als auch Wien waren Hochburgen der Agententreffs. Doppelleben als Agent kann in jungen Jahren sicher einfach sein. Doch wie nach der deutschen Teilung und dem Mauerfall wurde vieles Mysteriöses aufgedeckt und Familien offenbart, die keine richtigen Familien waren. Agenten hatten oftmals in der DDR und der BRD eine vermeintliche Familie, teils mit Kindern. Den Frauen wurde beim Anbandeln und späterer Heirat das blaue vom Himmel erzählt. Diese wussten nichts von den Machenschaften als Agent ihres Mannes. Wie muss es diesen Herren heute gehen? Wie gewohnt, alle abgetaucht, in alle Himmelsrichtungen der BRD verteilt als auch ins Ausland. Wenn man jetzt als solcher die Generation über fünfzig ist, so hat man sicher auch die ersten Wehwehchen seelisch und körperlich. Das Nachsinnen über Sinn und Zweck des Doppellebens findet statt, besonders in Bezug auf das Verbergen der wahren Herkunft. Jeder muss daraus für sich seine Schlüsse ziehen. Und jeder Betroffene sollte genau überlegen, wie er mit seinen Nächsten diesbezüglich umgeht.

Doppelleben finden aber auch dort statt, wo die Gesellschaft nachtragend ist. Frauen in der Prostitution leben oftmals ein Doppelleben, selbst wenn sie einen deutschen Mann haben. Dies kann sehr anstrengend sein, da diese Frauen, auch

Männer, immer trainiert sein müssen zu lügen und andere hinters Licht zu führen. Doch auch die Konfrontation mit der Wahrheit hinterlässt meist Spuren. Denn im Außen gibt es wenig Angehörige, die das verstehen können. In den seltensten Fällen sind Frauen offen und freiwillig selbstständig als Sexarbeiterin. Für diese ist es ein normaler Beruf. Sie entscheiden selbst über alles, ein Weg des gegenseitigen Verständnisses mit dem Kunden. Lehrerinnen als auch Studentinnen, die Anwältinnen werden wollen, sind unter ihnen.

In der Kriminalität lebt man auch oft Doppelleben. Außen vielleicht Papa und im Untergrund Hacker. Doppelleben sind für jeden individuell. Und jeder muss selbst entscheiden, wie er damit umgeht. Für Angehörige ist es oftmals ein Schock, wenn rauskommt, dass der Partner für andere spioniert oder dass der liebe Familienvater kriminell ist. Oder dass er für zwei Familien aufkommt, die er seine eigenen nennt.

Täter mit Doppelleben können damalige inoffizielle Mitarbeiter, IM genannt, sein, die ihre damaligen Freunde als auch Ehepartner ausspioniert haben. Diese nachträglichen Offenbarungen sind natürlich hart und sehr schwer zu verkraften. Doch seien wir froh, wenn der Spuk ein Ende hat. Ich wünsche Opfern und Tätern gleichermaßen Heilung. Größe zeigen die, wo Vergebung nach vielen Jahren möglich ist.

Schwul oder lesbisch sein ist auch für etliche Paare und Freundschaften noch ein Problem, wenn sie oder einer von beiden einen höheren Posten in der Politik, Sport, Unterhaltung oder im Diplomatischen Dienst haben. Heute eher weniger, da Schwulsein nicht mehr per Gesetz als krank gilt. In Großstädten wie Berlin und Köln ist das Schwulsein schon immer Alltag und normal auf den Straßen. Lesben und Schwule können Arm in Arm durch die Parks laufen. Sie dürfen Kinder haben und endlich heiraten. Doch wer sich bisher mit seiner Andersartigkeit nicht in die Öffentlichkeit traute, führt durchaus noch ein Doppelleben. Ich wünsche allen den Mut, so zu leben, dass sie glücklich sind und niemanden dabei schaden.

Eifersucht

Wer kennt sie nicht, die Eifersucht? Schon kleine Kinder sind eifersüchtig auf das Baby, dem neuen Geschwisterchen. Die Liebe der Eltern wird nun geteilt. Gleichzeitig wird im Kleinstkindalter das Ego entwickelt, welches sich nun noch stärker präsentiert und gegen das Baby stachelt. Auch ich war immer eifersüchtig auf meine kleine Schwester. Sie hatte große Kulleraugen, war laut und blond und wurde betutelt. Ich war dunkelhaarig, habe geschielt, trug eine Brille und war ganz still. Schlimmer können die Unterschiede nicht sein. Da wundern sich alle bis heute, warum ich mich später immer in den Mittelpunkt stellen wollte. Ich wurde einfach nicht erhört...

Also ihr seid nicht allein. Denn auch besonders im Liebesleben, bevorzugt in der pubertären Entwicklung zeigt sich unser Temperament der Eifersucht. Wie viel muss man als Mädchen investieren, um besser an einen Jungen ran zukommen, in den man verliebt ist? Doch andere sind es auch. Und der Kampf um den Jungen beginnt. Gott, was war da los mit unseren Gefühlen von Liebe, Leid und Eifersucht.

Unter Freundinnen findet auch aus anderen Gründen Eifersucht statt. Wer ist schöner, attraktiver und mehr begehrt in den Sozialen Medien? Auch hier kann sich Konkurrenz entfachen, die später Freundschaften entzweien. Eifersucht auf den eigenen Partner oder die Partnerin gibt es auch in ungleichen Beziehungen. Mit ungleich meine ich, dass sich einer schwächer fühlt und ständig unter der Attraktivität und Ausstrahlung des anderen leidet. In diesen Beziehungen wird es noch öfter aus Eifersucht krachen. Außer die vermeintlich schwächere Person besucht ein Persönlichkeits-Choaching. Dort bekommt sie Aufwind, Tipps und Anregung zum Umgang mit sich selbst, zur eigenen Ausstrahlung und dem Einsetzen der Persönlichkeit.

Des weiteren können auch Paartherapeuten helfen. Es kommt immer darauf an, wie weit man bereit ist, an sich und der Beziehung zu arbeiten. Ich denke, dass Coaches und Therapeuten gute Spiegel sein können, um schneller ans Ziel zu kommen und sich nicht weiter zu verstricken in alten Verhaltensmustern. Viel Glück und Erfolg…

Einsamkeit

Einsam zu sein ist hier als Gefühl der Einsamkeit gemeint. Durchaus können wir allein sein und auch allein leben. Wir können uns dabei lebendig und glücklich fühlen. Solange wir fähig sind uns selbst zu motivieren und zu lieben und Fülle in uns zu spüren, sind wir auch nicht einsam. Doch besonders die Coronazeit hat uns geprüft. Viele ältere Menschen wurden wie isoliert in ihren Heimen. Manche sind einsam gestorben. Aus der Familie durfte keiner die Hand halten oder Abschiedsworte sprechen. Denn es durfte niemand zu ihnen.

Wenn gerade bei älteren Menschen der Partner oder die Partnerin stirbt, geht der Hinterbliebene oft schnell den gleichen Weg. Einsamkeit und gebrochenes Herz lassen sie nicht weiter leben. Das ist sehr traurig. Die moderne Gesellschaft ist leider noch nicht in der Lage, ihre älteren Mitglieder in Achtung und Liebe sowie Respekt aufzufangen. Oftmals wohnen auch Angehörige in anderen Städten, so dass es durch Arbeits- und Alltagsstress noch schwieriger wird. An diesen Punkt gelangen wir jeder hin, eines Tages nachzudenken.

In der zweiten Lebenshälfte sollte jeder für sich Optionen seines Wohnens, Lebens und Freunde ausloten und Vorsorge tragen. Ein Ortswechsel aus Gesundheits- oder Altersgründen kann ratsam sein. Das Sprechen mit den Kindern darüber zusammen zu ziehen, wäre vielleicht das schönste. Doch junge

Menschen wollen viel unter sich sein. Sie empfinden nicht selten Eltern und Schwiegereltern als nervig. Darum Mädels und Jungs über fünfzig, schmeißt euch zusammen und entwickelt euch selbst neue Lebenskonzepte. Und denken wir an unsere Eltern und Großeltern, insofern sie noch leben. Das sind wir ihnen schuldig, persönlich und als Gesellschaft...

Fragen, die Angehörige und Vertrauenspersonen stellen sollten:

*Was brauchst du jetzt?

*Wo kann ich helfen?

*Was wünschst du dir?

*Was sind die nächsten Schritte?

Enttäuschung

Die Enttäuschung ist oft das Ende einer Beziehung, Ehe oder Freundschaft. Doch vor allem ist die Enttäuschung das Ende einer Täuschung. Diese wird nun sichtbar. Sind wir nach einem Beziehungsende der Meinung, dass wir vom Partner, der Partnerin, enttäuscht sind, so zeigt sich, dass wir uns selbst eine Täuschung dieser Person hervorriefen. Hätten wir sie besser gekannt oder sie weniger durch die rosarote Brille gesehen, wäre alles vielleicht anders gelaufen.

Doch wir unterliegen alle Täuschungen, täglich. Sei es der Chef, der uns mit seinem wahren Gesicht hinters Licht führt, sei es eine bildhübsche Frau, die Männer verführt, sei es im Wettkampf ein Gegner, den wir maßlos unterschätzt haben und viele mehr. Wichtig ist, dass wir durch die Ent-Täuschung wieder frei sind und klar den Tatsachen ins Auge sehen. Somit ist die Enttäuschung nichts, der man sachlich betrachtet, lange nachtrauern muss.

Gefangen im fremden Körper

Viele Jahre war dies in der Presse ein Tabuthema. Heute ist es an der Tagesordnung, sich seiner Andersartigkeit zu bekennen und auch zu benennen, was in einem vorgeht. Hat man einen weiblichen Körper und fühlt sich innerlich als Mann, so kommt man sich und dem äußeren Erscheinungsbild merkwürdig vor. Genauso geht es Männern, die sich innerlich als Frau wahrnehmen. Das können sich viele nicht vorstellen. Ich hatte die Möglichkeit in Berlin einigen zu begegnen. Dazu kommt noch die unterschiedliche sexuelle Ausrichtung. Nicht nur im falschen Geschlecht, sondern auch schwul oder lesbisch zu sein. Diese Irritierung merken Jungs und Mädels im Kindes und Jugendalter nicht sofort oder nicht immer bewusst. Die Persönlichkeiten, die genau wissen, was in ihnen vorgeht, werden sich auch direkt mit dem Thema beschäftigen und die Geschlechtsangleichung anstreben. Mindestens die

Hormonumstellung wird beabsichtigt und die Veränderung der äußeren Erscheinung.

Solltest du dich noch falsch fühlen, wohnst in einem Dorf, wo dich jeder kennt, so sprich mit deinen Freunden, Eltern, Vertrauten. Lass dich von Ärzten, Therapeuten und Selbsthilfegruppen unterstützen und gehe deinen Weg. Angst und Zurückhaltung wären fehl am Platz, wenn du dich in der Gesellschaft versteckst. Denn dadurch bist du eingeschränkt in deinem Privatleben als auch im Beruf. Oft gehen Betroffene mit ihrer Entscheidung in eine Großstadt. Man fällt in der Masse und Anonymität nicht so auf und kann seinen Weg gehen. Lebe dein Leben. Ich wünsche dir viel Glück.

Fragen, die Vertrauenspersonen an Betroffene stellen sollten:

*Wo kann ich helfen?

*Was wünschst du dir?

*Was sind die nächsten Schritte?

Hass

Hass ist die schlimmste Eigenschaft, die du einem Menschen an den Kopf werfen kannst. Schlimm ist es, Hass wirklich zu fühlen. Da muss es schon sehr niedrig schwingend sein, dein Energiefeld. Oft steigern sich Betroffene auch in diese Stimmung des Hasses. Hitler und sein Gefolge schaffte es Massen in diese menschenverachtende Manipulation rein zu beschwören. Hallo, wir sind alles Menschen und leben auf dem selben Stern. Wir sind in einem Boot und haben die Möglichkeit, es zu steuern oder gegen den Abgrund zu prallen.

Nimm deinen Verstand in die Hand, pack Liebe dazu und sei gnädig zu der Person, die du verachtest. Auch vermeintliche Täter sind Menschen. Sei ihm Spiegel, aber wirf nicht mit Steinen auf ihn. In der Bibelgeschichte gibt es die Situation, wo eine geächtete Frau gesteinigt werden sollte. Als die Männer Steine bereits in ihren erhobenen Händen hielten, sagte Jesus Christus sinngemäß: „Wer frei von Sünden ist, werfe den ersten Stein..."

Jeder von uns hat Dreck am Stecken und bestimmt genügend Lernaufgaben, sich als Mensch zu bessern. Bitte lasst uns gemeinsam daran arbeiten. Vergebung ist sicher der schwerste aller Wege. Doch ist es der einzige, der unsere Seele befreit, wenn wir eines Tages diese Welt verlassen.

Job verloren

Früher bis in die Neunziger etwa hatte man sehr lange oder durchweg den gleichen Job. Vielleicht auch den Arbeitgeber.

Der Mauerfall und die Wende zeigten doch in Ostdeutschland schnell die Umstrukturierung der Berufe beziehungsweise der Abwicklung in die Arbeitslosigkeit. Viele Menschen erlebten dort nach der Auflösung ihrer Betriebe und Fabriken die nüchterne Antwort auf die gewünschte D-Mark. Der Wert sämtlicher Betriebe und Fabriken hielt der harten D-Mark-Währung nicht stand. Dazu kam, dass diese auch unter der Gier Neureicher direkt verhökert wurden. Der Kampf der dort arbeitenden Menschen war nichts wert, höchstens so lange die Presse das Spiel interessant fand. Dieses Ausschlachten der ehemaligen DDR spiegelt sich heute noch im Wahlverhalten der Menschen wieder. Das Vertrauen wurde kaputt gemacht. Sehr schade im Nachhinein.

Doch in der Jetztzeit ist die Welt global geöffnet. Jedes Land exportiert über die Meere und Kontinente. Alles ist schnelllebig geworden. Jeder muss sich den globalen Anforderungen stellen. Und im eigenen Umfeld merken wir die Umstellungen an Beruf, Job und Ortswechsel der Firma besonders. Manche gehen unter, andere werden neu erschaffen. Das Rad können wir nicht zurückdrehen. Aber persönlich haben wir die Möglichkeit zu wachsen, auch wenn wir gekündigt wurden. Durch das wachsende Internetangebot liegen uns auch die Möglichkeiten offen, auf Onlineschulungen und Fernstudien umzusteigen, um effektiv unsere Zeit für Weiterbildung zu nutzen. Jungen Menschen kann ich raten, sich tatsächlich in Handwerksberufen umzuschauen, wo Deutschland einen Mangel an Nachwuchs hat. Und Ingenieure werden wieder überall gebraucht im In-und Ausland. Deutsche Ingenieure werden hoch geschätzt auf der Welt. Straßen,-Brücken,-und Häuserbau können alle beglücken, wenn diese fachmännisch, pünktlich, diszipliniert und genau durchgeführt werden. Dies sind die beliebten deutschen Tugenden. Darauf können wir stolz sein.

Wenn man den Job verliert, so ist das nicht zu persönlich zu nehmen, außer man hat den Verlust selbst verschuldet. Das soziale Netz fängt einen erst einmal finanziell auf. Man kann Beratungen und Weiterbildung in Anspruch nehmen. Dies sollte selbstbewusst auch entschieden werden. Doch viele versinken erst einmal in einem emotionalen Loch. Sie fühlen sich ausgegrenzt, missverstanden und elend. Der Gang zum Amt anfangs ist erniedrigend. Muss es aber nicht.

Es gibt Jobbörsen, Berufsmessen und andere, so dass man immer die Möglichkeit hat, und wenn es auch nur vorerst ist, in Lohn und Brot zu kommen. Mit der Familie kann man dann parallel planen, wie es weitergeht. Bei Online-Jobangeboten wie auf www.indeed.de beispielsweise bereitet man einmalig seinen Lebenslauf mit Zeugnis-Anhängen vor und sendet ihn per Klick einfach an alle Jobangebote, die einem interessieren. So kann man schnell vorwärts kommen. Da ich dies schon x-mal gemacht habe, weiß ich, dass die Antworten noch vom selben Tag bis zu sechs Wochen dauerten. Die Firmen, die sofort Mitarbeiter suchen, melden sich zur Einladung des Bewerbungsgespräches recht schnell. Also Kopf hoch und viel Erfolg…

Fragen, die Angehörige an Betroffene stellen sollten:

*Was brauchst du jetzt?

*Wo kann ich helfen?

*Was wünschst du dir?

*Was sind die nächsten Schritte?

Krankheit

Krankheiten können uns plötzlich aus dem Leben reißen, besonders wenn sie akut, ansteckend oder vielleicht als unheilbar diagnostiziert werden. Auf einmal steht das Leben still oder auf dem Kopf. Alle Projekte und Verpflichtungen liegen lahm. Hier gilt es einen ruhigen Kopf zu bewahren. Wenn man für andere sorgen muss, unbedingt Hilfe organisieren. Einen Notplan zu erstellen für alle Notwendigkeiten, beispielsweise die Kinderbetreuung ist ratsam. Und wer erledigt den Einkauf?

Kreuzen Sie sich alles in einer ausgedruckten Patientenverfügung an. Dort sind alle Notfallmaßnahmen nach Ihren Wünschen für die Ärzte, mit Ihrer Unterschrift versehen, vorbereitet.

Menschen, die eher weniger im Alltag Gefühle zeigen, sind ganz schön mitgenommen, wenn sie aus ihrer kopflastigen Struktur raus fallen. Meist durch Stress und Überlastung hat

50

man vielleicht einen Schlaganfall bekommen. Die Genesung dauert meist Monate. Oft aber nur dahingehend, dass man wieder am Alltag teilnehmen kann. Schäden, wie Sprachstörungen, Orientierungsstörungen sowie in der Beweglichkeit, können teils noch bleiben. Der ehemalige Beruf ist oft gegen eine leichtere Arbeit einzutauschen. Bei Herzinfarkt raten die Ärzte sowieso kürzer zu treten und auf sich aufzupassen. Nicht selten bekommen Patienten, die bereits einen Herzinfarkt hatten, später wieder einen. Dies alles habe ich im direkten Kontakt mit Patienten und betreuten Menschen kennen gelernt. Viele fühlen sich ohnmächtig in ihrer langen Ausfallzeit. Unbedingt halten Sie sich gute Freunde und Familienmitglieder an Ihrer Seite. Diese werden Sie lange brauchen, um das Leid zu teilen. Und Geduld.

Schwieriger ist es, wenn Sie einen ansteckenden Infekt haben und isoliert werden. Einsam im Krankenzimmer ist nicht schön. Und der Besuch des Ärzte-und Pflegepersonals kommt in voller Schutzkleidung zu Ihnen. Bitte lassen Sie Dinge für sich bringen, die Ihnen gut tun. Beispielsweise einen MP 3-Player mit viel Lieblingsmusik, Bücher, die Sie motivieren und ein Fotoalbum Ihrer Liebsten.

Wenn bei Ihnen Diagnosen unheilbarer Krankheiten gestellt werden, lassen Sie den Schock raus. Wenn Sie schreien wollen, schreien Sie. Wenn Sie weinen wollen, weinen Sie einen ganzen See voll. Hauen Sie in ein Kissen oder toben sich sportlich aus. Manchmal kommt der Schock am Anfang. Da will man ausrasten. Und oftmals stellt sich der Schock leise schleichend ein, so dass man funktioniert, aber psychisch den Bach runter geht. Bitte suchen Sie sich parallel zu den behandelnden Ärzten auch psychologische Unterstützung. Am Anfang fühlt man sich, al ob man neben sich steht. Alles scheint nur ein Albtraum zu sein. Lassen Sie sich von Angehörigen helfen. Benötigen Sie vielleicht unterstützende Technik für Ihren Alltag, so lassen Sie sich diese bestellen. Schauen Sie im Internet nach Betroffenen sowie Selbsthilfegruppen, die sich online unterstützen. Dieser Halt wird Ihnen sehr gut tun. Denn Sie wissen dann, dass Sie nicht allein sind mit Ihrer Diagnose. Haben Sie Mut und nehmen Hilfe an, auch wenn es für Sie ungewohnt scheint. Viel Glück…

Fragen, die Angehörige und Freunde an Betroffene stellen sollten:

*Was brauchst du jetzt?

*Wo kann ich helfen?

*Was wünschst du dir?

*Was sind die nächsten Schritte?

Leben für andere

Es gibt nicht wenig Menschen, die für andere leben. Und ihnen ist es oft gar nicht bewusst. Sein Leben in Selbstbestimmung zu leben ist nicht jedem vergönnt. Ist man eine Frau eines narzisstischen Mannes und bleibt bei ihm, so ist man in einer Co-Abhängigkeit. Wie beim Alkoholiker. Das bedeutet, dass diese Frau ihren Partner nicht nur deckt, in dem sie nach außen seine Gewalt verleugnet und klein redet, sondern dass sie auch nicht von ihm loskommt. Sie ist gefangen in dieser Beziehungsstruktur. Nur starke Vertraute könnten ihr helfen, wenn sie es zulässt.

Frauen, die auf Loverboys reingefallen sind und nun für ihn anschaffen gehen, leben ebenfalls nicht für sich selbst. Sie sind in die Falle der Verblendung rein geraten, sind abhängig vom schnellen Geld und den Luxus, den ihr Loverboy vorher zelebriert hat. Sein Ziel war es von Anfang an, sie in die Prostitution zu bringen. Das "gefügig" machen dieser Frauen kann durch Drogen, Schläge, Versprechungen aber auch Erpressung stattfinden. Am Anfang sind die so genannten Loverboys so nett, zuvorkommend, schmeicheln einem und umgarnen mit Geschenken, dass die Opfer sich in sie verlieben. Und leider fallen viele Mädels und junge Frauen darauf rein, besonders wenn es in ihrem Elternhaus bröckelt, die Eltern keine Zeit für sie haben und die Mädchen labil sind. Doch auch selbstbewusste Frauen finden das Verwöhnen und Komplimente bekommen schön. Da sollte man sehr vorsichtig sein. Unter der obigen Rubrik "Angst vor dem Partner" bin ich schon auf dieses Thema eingegangen. Dort stehen auch Hilfsmöglichkeiten. Es gibt einige Bücher in den Buchläden von Loverboy-Opfern, die ihre Geschichte erzählen.

Fragen, die Vertraute an die Opfer stellen sollten:

*Was brauchst du jetzt?

*Was kann ich für dich tun?

*Was wünschst du dir?

*Was sind die nächsten Schritte?

Es gibt auch Menschen, Frauen und Männer, die sich für andere aufopfern. Dieses Muster kann aus bewussten oder unbewussten Schuldgefühlen entstehen. Und nicht selten wollen diese Angehörige keine Hilfe außerhalb ihrer eigenen für den Partner, die Partnerin oder des Kindes aufbringen. Dabei kann man Pflegegrade beantragen, bei Behinderung das "Persönliche Budget" und natürlich Pflegepersonal, das ins Haus kommt zur individuellen Betreuung.

Wer sich in solch einer aufopfernden Person erkennt, darf sich fragen, warum bin ich so? Und warum lasse ich keine andere Hilfe dazu kommen? Auf Dauer wird sich dieses Aufopferung gesundheitlich bei Ihnen zeigen, vielleicht durch Erschöpfung.

Liebesverlust

Mit Liebesverlust können wir zwei Varianten betrachten. Zum einen können wir selbst die Liebe zum Partner, zur Partnerin verlieren. Zum anderen sind sie es, die uns nicht mehr lieben. In beiden Fällen ist es wichtig, mutig zu sein und es dem Partner zu offenbaren. Meist haben Männer eine Person kennen gelernt, mit der sie heimlich eine Nebenbeziehung führen. Sie finden diese Geheimnistuerei prickelnder, als ihrer Frau die Wahrheit zu sagen. Natürlich ist es immer ein Schock, wenn man als hintergangene Frau oder Mann die Wahrheit erfährt. Der Mann muss den Mut aufbringen. Doch es ist fair und hat noch mit Respekt vor dem anderen zu tun. Auf diese Weise sollte man dann auch eine gemeinsame Lösung finden. Entweder die Beziehung löst sich auf oder wird gehalten. Manche starke Frauen dulden auch die Konkurrenz als Heimlichtuerei. Dies passiert aber eher aus diplomatischen Gründen, wenn der Gatte Politiker ist oder in anderen höheren Ämtern zu tun hat. In solchen Beziehungsdramen kann sich keiner einmischen. Denn es ist Sache der Eheleute.

Liebe als Gefühl kann man nicht festhalten. Begegnungen können heftige Gefühle auslösen, die tatsächlich ein anderes Leben entstehen lassen. Selbstverständlich können Paartherapeuten zu Rate gezogen werden. Die Bereitschaft beider Partner dazu ist Voraussetzung.

Mobbing

Mobbing aus Frust

Mobbing kann dich überall treffen. In der Schule, auf der Straße, in den Sozialen Netzwerken, in der Familie und auf der Arbeit. Wer mobbt stellt sich über den anderen. Oft finden sich mehrere Kollegen beispielsweise zusammen, um eine neue Kollegin in die Ecke zu drängen, klein zu machen und aufzuziehen. Gerade dort, wo die Mitarbeiter selbst klein gehalten werden durch Fußtritte nach unten, wird der Frust weiter gegeben. Dazu kommt, dass es meist einen freudigen Faktor hat, andere leiden zu sehen. Der Fokus ist von einem selbst abgelenkt oder von den langweiligen Aufgaben in der Firma. Der IQ der Mobbing-Täter spielt nicht wirklich eine Rolle.

Gerade in stressigen Berufen wird nach allen Seiten ausgeteilt. Dort wo der Arbeitsdruck einen fertig macht und man auch keine zusätzliche Konkurrenz braucht, die einen vielleicht den Aufstieg vermasselt. In Krankenhäusern und ähnlichen Einrichtungen ist der Hierarchiedruck enorm. Ausgerechnet dort erwartet man Menschlichkeit und Empathie. Nein, es ist durchaus erschreckend, wie abgestumpft Menschen sein können. Man lässt auch Lehrlinge Spießrutenlauf machen und nicht selten den Kaffeeholer spielen. Gern werden auch Kollegen, die einspringen, benutzt, um die Drecksarbeit zu machen. Hinter dem Rücken derer wird dann gelacht und gelästert. Dies ist die eine Art des Mobbings, also Frust und das Weitertreten nach unten!

Mobbing aus Neid

Viele Frauen und Männer merken gar nicht, wie der Neid in ihnen hochkocht. Bei Männern sind es meist Statussymbole wie limitierte Sneaker, Klamotten, besonders von vielen begehrte Frauen und heiße Schlitten mit viel PS. Prahlen gehört wohl ansonsten dazu...wenn man es sich leisten kann. Bei Frauen ist Neid bei Kleinigkeiten bereits zu beobachten. Die Blicke in der Bahn auf Kleidung, Smartphone, iPhone, Haare, Schuhe, Schminke, geklebte Nägel, geklebte Wimpern, der Gang, die aufgespritzten Lippen, der Typ an ihrer Seite und so weiter. Alles können Gründe sein für Neid...und darauf wird gemobbt...mit Worten, Sprüchen, Facebook-Einträgen…

In den meisten Fällen völlig sinnfrei. Hauptsache man kann mitreden und seinen Senf dazu tun. So ist man als Mobbingtäter und Mobbingtäterin endlich akzeptiert in der Gruppe. Man hat was zu erzählen und kann sich stärker fühlen, den die Spirale des Aufmarsches gegen die Opfer wird größer. Auch Vorgesetzte sind neidisch. Ich erlebte in der Hotelbranche gleich zweimal, wie hinterfozig Frauen sein können. Und das alles, weil ich ihnen zu selbstbewusst war und auch so auftrat. Es waren jüngere Frauen. Die eine dachte wohl, dass ich ihren

Posten will. Sie fädelte mir in einem Hotelzimmer, dessen Gast abgereist war, einen Strick Samstags. Montag früh reichte sie mir eine Telefonrechnung, aus dessen Zimmer ich angeblich anrief, nachdem der Gast bereits abgereist war. Ich roch den Braten sofort und wusste, dass ich das Gegenteil nicht beweisen konnte und ich als Checkerin auch niemand anderes in das Zimmer rein lassen durfte. Binnen zwei Minuten stand ich mit einem bereits vorgefertigten Aufhebungsvertrag vor der Tür. Im anderen Fall wurden verschiedene Schikanen eingebaut inklusive Kamera, die ich beim Einschalten hören konnte. Damit hat wohl meine Vorgesetzte nicht gerechnet. (Ich bin hellhörig.) Ich grinste in die Kamera, obwohl diese an der Decke gar nicht zu sehen war. Am Abend wurde mir von einem anderen die Versetzung ab dem nächsten Tag in ein anderes Hotel mitgeteilt. Alles zu offensichtlich. Eine Woche später reichte ich die Kündigung ein. Und Monate später sah ich einen Fernsehbericht, wo genau diese Firma von einem Investigativjournalisten und seinem Team aufgedeckt wurde. Auch im Hotelgewerbe ist viel Neid angesagt.

In der Schule, Lehre und beim Studium existieren immer Gruppen und Grüppchen. Die einen gegen die anderen. Es entsteht dadurch viel Gruppendynamik. Eskalationen sind nicht vorhersehbar. Und jeder Beteiligte, der dazu kommt, wird auf Gemeinsamkeiten und Andersartigkeiten gecheckt. So verschiebt sich wieder die Gruppe in die eine oder andere Richtung mit ihren Gemeinheiten. Mittlerweile dürfte jeder von uns Mobbing kennen als Täter und Opfer. Sich hinzustellen und für das Aufhören zu plädieren ist den meisten gar nicht ins

Gehirn gewachsen. Es bedarf tatsächlich einer geistigen Entwicklung für höhere Werte in der Gesellschaft gerade zu stehen.

Bitte bedenkt, Mobbing kann zu Wut und Gewalt führen. Wer sich in der Gruppe so rein steigert, kann eines Tages Täter oder Mittäter von Toten sein als auch von, meist Mädchen, die in den Suizid deswegen gingen. Ich wünsche allen einen klaren Kopf für die Zukunft.

Anlaufstelle   seitens   der   Bundesregierung: www.antidiskriminierungsstelle.de

Fragen, die Angehörige an Betroffene stellen sollten:

*Was brauchst du jetzt?

*Wie kann ich helfen?

*Was wünschst du dir?

*Was sind die nächsten Schritte?

Mobbing in der Familie

Auch in der Familie gibt es Mobbing. Dies findet dann auch von der Ignoranz des Betroffenen bis hin zum Ausschluss bei Familientreffen statt. Wie grausam sich das anfühlt weiß nicht jeder. Doch wenn das eigene Kind die Eltern ausschließt, ist es ein respektloses und unwürdiges Handeln. Dabei spielt der vorgetragene Grund eine andere Rolle. Den sollte man auf einer vernünftigen Weise klären. Ja, Kinder fühlen sich im Recht und sind es vielleicht auch. Doch sie wissen nicht, was sie damit ihren Eltern antun. Es muss Lösungen geben. Denn keiner ist frei von Schuld. Keiner ist heilig in der Familie. Vergebung ist der Weg der Heilung, damit die Enkel nicht unbewusst dieses Leid weiter tragen müssen.

Nicht gut genug sein

Erwartungshaltungen der Eltern, der Lehrer, des Partners oder der Partnerin ist für viele nichts neues. Bestimmt jeder hat schon erlebt, wie es sich anfühlt, für andere nicht gut genug zu sein. Wer ein schwaches Selbstwertgefühl besitzt, kann daran zugrunde gehen. Leider ist dies bitterernst. Denn daraus ergeben sich manchmal psychosomatische Störungen, die auch Krankheiten wie Bulimie hervorrufen können.

Die andere Variante besteht darin, sich selbst nichts wert zu sein, aus eigener Überzeugung. Essen und Kotzen im dauernden Tagesablauf ist nicht schön. Dazu das gestörte Selbstbild bis hin zur Magersucht und der späteren Zwangsernährung können Folgen sein. Mädchen entwickeln durchaus falsche Wahrnehmungen ihres Körpers, dass sie sogar andere im Internet damit beeindrucken wollen und auch mitreißen, diesem Wahn gemeinsam zu folgen und durchzustehen. Eine Art Gruppenzwang kann auch im Negativen Kraft geben gegen die bereits kaputte Psyche anzukämpfen. Angehörige sind dem völlig ausgeliefert.

Im weiteren Leben leiden diese Menschen weiter. Sie projizieren ihre Zwangsstörungen auf andere und ziehen diese runter. Da hilft nur professionelle Hilfe. Bitte suchen sie diese. Viel Mut und Glück.

Neid

Neid ist die Missgunst auf andere und erwächst meist aus einem Minderwertigkeitskomplex heraus. Sich selbst nicht wert geschätzt fühlen, weil man aus einem anderen Kulturkreis kommt. Die Erwartungen der Eltern wurden nicht erfüllt. Mit der sexuellen Neigung tritt man auf Gegner. Man trägt Tattoos, Ringe im Gesicht oder fällt sonst für andere negativ auf. Dies können schon Minderwertigkeitskomplexe auslösen. Die meisten Menschen, die neidisch sind, sind es jedoch aus dem Mangeldenken heraus, dem Gegenteil von Fülle. Andere haben etwas, das sie nicht haben. Oder sie denken, das steht dem anderen nicht zu. Sie gönnen es dem anderen nicht, weil sie im Mangel sind. Nämlich dem Mangel an Selbstwertgefühl und natürlicher Ausstrahlung. Wer sich das bewusst macht, kann an sich arbeiten. Persönlichkeit - Coachings werden überall und auch online angeboten. Die Preise dafür sind unterschiedlich. Doch auch ein gutes Buch über das coachen seiner

Persönlichkeit kann viel helfen. Die Missstände in der Kindheit, die Eltern, die Lehrer, Erzieher und Freunde, können nicht die Schuld dafür tragen, dass man als Erwachsener unfähig ist, sein Leben selbst in die Hand zu nehmen.

Weiteres habe ich oben unter MOBBING geschrieben. Neid und Mobbing gehen meist Hand in Hand.

Ohnmacht

Ohnmacht bei und nach einer Flut im eigenen Haus

Das Gefühl von Ohnmacht tritt oft mit einem Schockerlebnis zusammen auf. Dies sind Situationen, die plötzlich in unser Leben treten und wir vorne und hinten nicht wissen, was der nächste Schritt ist. Beispielsweise fließt der reißende Bach auf einmal durch dein Haus. Die Hälfte wird zerstört, ein anderer Teil von Möbeln und Inventar muss anschließend entsorgt werden, bevor der Schimmel kommt und alles zerfrisst. Du siehst während der Flut die Fälle davon schwimmen. Alles, was du dir aufgebaut hast, zerfällt plötzlich. In deinem Körper steht alles von Alarm auf Schock. Was ist zu tun? Nachdem das Wasser weg ist, beginnt man wie in Trance, den zermatschten Schaden aus seinem Haus zu fegen. Vor der Tür entstehen auch bei den Nachbarn Schrottberge, gefüllt mit Schlamm. Der sonstige Tagesablauf fällt weg. Irgendwie muss man dem Arbeitgeber Bescheid geben, wenn man nicht kommen kann.

Deine Sicherheit, auch nachträglich, ist das wichtigste. Stromleitungen aller deiner technischen Geräte müssen während der Flut abgestellt sein und nach der Flut von einem Elektriker auf Sicherheit geprüft werden, damit niemand einen Stromschlag bekommt. Wer vorbeugen möchte, kann sich die Warn-App NINA oder eine andere installieren auf seinem Smartphone.

Auf www.bund.de (Bundesamt für Bevölkerungsschutz und Katastrophenhilfe), erfahren Sie Tipps zur Vorsorge und nach der Krise - Informationen zu verschiedenen Themen.

Diese Anleitungen helfen Ihnen den Kopf zu bewahren und Schritt für Schritt vorzugehen. Melden Sie Sachschäden der Versicherung, egal ob sie einspringt und wie viel am Ende überwiesen wird. Erst einmal Versicherungen erreichen. Sollte dabei ein körperlicher Unfall passieren, auch sofort melden und umgehend den Arzt aufsuchen. Achten Sie auf Ihre Mitbewohner. Keiner weiß, ob und wie Kinder und ältere Menschen diese Erlebnisse nachträglich wegstecken. Wenn diese aber nach einer Flut, vorerst an einem anderen Ort unterkommen können, so ist dies besser zur Erholung. Beschützen Sie Ihr Hab und Gut und besorgen sich Lebensmittel sowie Fachleute zur Begutachtung der Schäden. Die Protokolle benötigen Sie später für die Versicherungen.

Bitten Sie Angehörige, die nicht in Ihrer Gegend wohnen, um die Unterstützung, die Sie benötigen, welche diese ihrerseits für Sie tun können, Sachleistungen oder Geld.

Ohnmacht bei Verlust von geliebten Menschen

Verluste der Liebsten können leider im Leben überall und auch plötzlich auftauchen. In den einzelnen Kapiteln gehe ich darauf ein. Doch die Ohnmacht zu merken und zu überwinden ist ein anderes Kapitel. Meist irrt man nach einem Verlust kopflos durch die Gegend. Ja, man kann nicht mehr klar denken. In einem selbst läuft alles für quer. Anderen Menschen kann man auch gar nicht mitteilen, wo sie gerade helfen können. Durch dieses Gefühlstal muss man durch. Ein Therapeut zur neutralen Unterstützung wäre hilfreich. Angehörige sind oft selbst im Leid involviert, so dass sie momentan keine Stütze sein können. Aber trauern kann man gemeinsam. Das gibt Kraft.

Wenn beispielsweise ein Naturereignis oder ein Flugzeugabsturz mehrere Menschen umkommen ließen, so kann es helfen, gemeinsam mit den anderen Trauernden der Hinterbliebenen zusammen zu finden, gemeinsam zu beten und zu trauern. Für Eltern, die ihr Kind betrauern, gibt es verschiedene Selbsthilfegruppen im Internet zu finden.

Wenn Kinder trauern, können Sie ihnen aus Trauerbüchern vorlesen. Es gibt eine schöne Auswahl an bebilderten Kinderbüchern, die diese mit diesem sensiblen Thema unterstützen. Auch bei dem Verlust des geliebten Haustieres. In einer Kita kam eines morgens ein Mädchen zu mir, dessen Häschen gestorben sind. Sie war sehr traurig. Die anderen Kinder kamen auch gleich dazu und sprachen ihr Beileid aus. Dem Mädchen machte ich den Vorschlag, Blumen zu basteln und ein Bild zu malen als Erinnerung. Dies setzten gleich alle Kinder mit um. Anschließend falteten wir die Hände vor unser Herz und sprachen einen Dank an die verstorbenen Häschen aus, dass sie das Mädchen lange als Freunde begleiteten und nun im Himmel eine schöne Zeit haben sollen. So verabschiedeten wir uns alle. Für das betroffene Mädchen und die anderen Kinder war dies eine schöne gemeinsame Abschiedszeremonie.

<u>Fragen, die Vertraute den Betroffenen stellen können:</u>

*Was brauchst du jetzt?

*Wie kann ich helfen?

*Was sind die nächsten Schritte?

Opfer

Wir leben in einer Welt, wo gut und böse sich gern gegenüberstehen. Man hat das Gefühl, ständig wählen zu müssen, auf wessen Seite man steht. Doch auch wenn sich viele vornehmen, Gutmenschen sein zu wollen, so sind wir es nicht immer. Und so kann auch jeder in unterschiedlichen Situationen zum Täter werden.

Da wir aber Mitgefühl haben, stehen wir in der Öffentlichkeit den Opfern bei. Dies kann der Missbrauch seelisch wie körperlich sein. Täter sind weniger fremde Menschen. Oftmals sind sie Familienangehörige. Opfer wird man aber auch auf dem Schulhof. Beschimpfung, Beleidigung, Treten, an den Haaren ziehen – wer kennt nicht passiv oder aktiv diese Szenen. Auf Mobbing gehe ich speziell weiter oben ein.

Opfer kann man werden durch Verkehrsunfälle, Fahrerflucht, Hilflosigkeit auf der Straße liegend oder im Auto eingesperrt. Opfer kann man werden von falschen Diagnosen oder Behandlungen der Ärzte und Therapeuten. Opfer kann man vor Gericht durch Falschaussagen werden. Oder auch von Umweltschäden, wie Pestizide, Strahlungen, Giftmüll, Bakterien, Viren und Seuchen.

Im Job kann man Opfer des Mobbing durch Kollegen oder Vorgesetzte werden. Vorsätzliche Fallen können gestellt werden, obwohl man am anschließenden Schaden unschuldig ist. Dies sind nur einige Beispiele, wie unsere Welt tickt und wie schnell man zum Opfer wird.

In dieser Haltung können wir sehr machtlos sein. Bitte vertrauen Sie sich jemanden an. Selbsthilfegruppen findet man für verschiedene Themen im Internet, die einem helfen. Vor allem ist man nicht allein. Man hat die Möglichkeit sich mit anderen Opfern auszutauschen und gemeinsam das Leid zu teilen und zu tragen. Und oft bestehen auch Lösungsansätze und Möglichkeiten, sein Leid Schritt für Schritt zu überwinden im Laufe der Zeit.

Man findet dadurch auch neue Freunde fürs Leben. Für Frauen, die aus häuslicher Gewalt flüchten müssen, gibt es die Frauenhäuser in jeder Großstadt. Das Hilfezeichen für häusliche Gewalt kommt aus den USA und ist hier noch nicht richtig bekannt. Meistens sind Frauen gefährdet. Daher liebe Frauen, gebt Zeichen:

Zeigt den Leuten, wo ihr Hilfe sucht eine Hand nach vorne gestreckt, die Handfläche mit geschlossenen Fingern nach oben. Legt dann den Daumen auf die Handmitte und schließt sie zur Faust. Dieses Zeichen ist wichtig, wenn ihr nicht sprechen könnt oder die Polizei auf der Straße rufen wollt.

Hilfezeichen für häusliche Gewalt auf: www.wunderweib.de

Hilfe für Kriminalitätsopfer bietet der Verein des Weissen Rings, www.weisser-ring.de

Bei Vergewaltigung gehen Sie dringend zu einer ärztlichen Untersuchung, um Beweise zu ermitteln. Verpassen Sie nicht parallel zur Untersuchung oder anschließend eine Anzeige zu stellen. Dies können Sie auch bei einer Beamtin tun. Diese berät sie zu den polizeilichen Ermittlungen.

Fragen, die Vertraute an Betroffene stellen sollten:

*Was brauchst du jetzt sofort?

*Wie kann ich dir weiter helfen?

*Was wünschst du dir längerfristig?

*Was sind die nächsten Schritte?

Diese Fragen regelmässig zu stellen, hilft dem Betroffenen, sich zu fokussieren auf Antworten, wie es weitergehen kann und sollte. Viel Erfolg und Kraft auf dem Weg.

Outing

Sich zu outen kann für Betroffene eine Befreiung sein, für andere jedoch auch mit einer starken Angst begleitend wie bei einer Prüfung vor der Masse. Und wieder andere werden gegen ihren Willen von Wissenden geoutet. Meist ist mit Outing das Offenbarung vor anderen Menschen gemeint, wo man seine sexuelle Neigung zugibt oder das eigene Geschlecht, zu dem man sich selbst zugehörig fühlt, obwohl man anders aussieht. Mittlerweile finden immer mehr Menschen Mut sich dahingehend zu outen, dass sie im falschen Körper geboren sind. Wichtig ist dabei auch, dass die Presse dieses Thema zur Aufklärung der Gesellschaft nutzt.

In den meisten Fällen bemerkt man bereits in der Pubertät, wo die sexuelle Reise hingehen wird. Zum einen sind es die Fantasien, die , wenn man nicht bisexuell ist, zu einem Geschlecht hinführen. Und wenn Jungen von Jungen schwärmen, sich auch in sie verlieben können, so ist es eindeutig. Eine Beziehung später mit einer Frau einzugehen als Tarnung, ist nicht nur erschwerend, sondern man betrügt gleich zwei, nämlich die Frau und sich selbst. Der gesunde Menschenverstand sollte dann doch die Stärke der wahren Liebe nutzen, um sich gemeinsam mit dem Partner zu outen. Bei Mädchen und Frauen natürlich genauso. Auch wenn die weniger problematisch in der Gesellschaft aufgenommen werden. Für Lesben und Schwule gibt es genügend Anlaufstellen unter sich zu sein. Zur Hilfestellung kann ich zusätzlich die Beratungsstellen und Selbsthilfegruppen empfehlen. Man kann dort anonym sein und sich diskret beraten lassen.

Natürlich möchte man auch Hilfe, wenn man sich anonym untersuchen lassen möchte. Bei den Gesundheitsämtern kann man sich auf sexuell übertragbare Geschlechtskrankheiten und HIV untersuchen lassen. Die Preise im einzelnen kann man googeln oder telefonisch erfragen. Die Krankenkassen übernehmen einiges. Die Impfung gegen Hepatitis wird immer empfohlen. Diese kann man sich auch auf dem Gesundheitsamt geben lassen. Unabhängig von schwul oder lesbisch, stehen einem die Gesundheitsämter zur Seite, beratend und untersuchend.

Wer sich im falschen Körper fühlt, merkt es bereits als Kind. Man spielt mehr mit Kindern des anderen Geschlechts, umgibt sich auch mit des Spielsachen. Doch daran ist so lange nichts besonderes, bis diese Kinder auch offen ihr Geschlecht ablehnen. Eltern dieser transgeschlechtlichen Kinder sollten sich mit diesem Anliegen ihres Kindes beschäftigen. Dies können sie beispielsweise auf www.regenbogenportal.de

Bitte, liebe Eltern und Angehörige, nehmt eure Kinder ernst. Ich habe etliche schwule Männer und Transgender im jetzigen Erwachsenenalter kennen gelernt. Diese haben fast alle eine sehr versteckte Schuld und Scham behaftete Kindheit erlebt. Diejenigen Betroffenen über fünfzig Jahren kennen noch die gesetzlichen Verbote für das schwule Leben. Und über Transgender hat man noch gar nicht gesprochen in der Öffentlichkeit damals.

Ich wünsche allen Menschen, dass sie glücklich und offen ihre Sexualität ausleben können. Denn diese Menschen bereichern uns mit ihren Farben und Gefühlen. Angehörige werden mit sehr mutigen Menschen leben lernen und können sich sicher davon noch eine Scheibe abschneiden.

Resignation

Resignieren bedeutet aus dem Lateinischen „verzichten". Wenn du dies liest, bist du vielleicht gerade in einer Entscheidungsphase, ob du resignieren solltest oder nicht. Der Verzicht auf etwas, was man sich so sehr gewünscht hat, ist wirklich schwer. Zum Beispiel kannst du durch kurzfristige Erkrankung ausfallen bei einem Sportwettbewerb oder

Olympiade. Dies kostet dich viel Zeit, zu einem anderen Zeitpunkt der Welt zu beweisen, wie gut du in deiner Sportdisziplin bist. Das Gleiche gilt für Musik,-Schauspiel,- und andere Events, wo du dich gern beweisen wolltest. Deine Überlegung ist vielleicht lieber ganz aufzugeben, weil du all deine Trainings und Proben umsonst gemacht hast. Resignation hätte in diesem Fall eine negative Note.

Doch Resignation kann auch erzwungen sein. Beispielsweise wird einem Partner früherer Eheleute vor Gericht das Kind entzogen und dem anderen zugesprochen. Der erziehende Elternteil ist womöglich so fies, dass ein natürlicher Umgang zum Kind nicht möglich sein wird. Es bricht dem anderen Elternteil das Herz. Und so geht es auch Eltern, dessen Kinder sich von ihnen getrennt haben, unabhängig von den Gründen. Diejenigen vermeintlichen Sieger in solchen Fällen wissen nicht, wie es dem anderen geht. Sie versuchen gar nicht erst dessen Lage zu verstehen. Dies ist auf der Gefühls,-und Menschlichkeitsebene ein herber Rückschlag. Wenn es um Kinder und Enkeltrennung geht, sollten alle Beteiligten die Sicht des anderen versuchen zu verstehen und entsprechende Lösungen finden, die die Kinder und Enkel nicht beeinträchtigen.

Die Schuld der Eltern, dass sie nicht fähig waren, ihre Beziehung fortzusetzen, sollte nicht auf den Schultern der Kinder ausgetragen werden. Wenn Kinder sich von ihren Eltern trennen, sollten diese Gründe nicht Schuld für die Trennung zu den Enkeln sein. Denn die vermeintlich Schuldigen werden sehr wohl über ihre Taten in ihrem weiteren Leben reflektieren.

Und die meisten, da bin ich sicher, werden sich auch ändern wollen.

Wenn du die Schule oder Lehre abbrechen willst, so ist dies ein anderes Beispiel für Resignation. Oftmals sind Mobbing der Auslöser. Gerade Schüler anderer Herkunftsländer werden klein gehalten. Hier empfehle ich den Kindern mit ihren Eltern zu sprechen. Das Gleiche gilt für alle Kinder und Jugendliche, die wehrlos sind.

Es gibt seit 2006 das AGG- Allgemeines Gleichbehandlungsgesetz. Dieses Gesetz wurde zusätzlich erlassen, da bis dato die Opfer in der Beweispflicht waren. Dies führte vor Gericht meist zu Nachteilen der Opfer. Speziell gilt es dem Mobbing am Arbeitsplatz.

Für Diskriminierungsfälle hat der Bund die Antidiskriminierungsstelle geschaffen. Dort erhältst du Hilfe unter www.antidiskriminierungsstelle.de

Wenn du vor der Entscheidung stehst, Resignation JA oder NEIN, frage dich folgendes:

* Ist der Grund nur vorübergehend, Beispiel Krankheit?

* Kann ich den vermeintlichen Grund anfechten, Beispiel Gerichtsurteil?

* Kann ich den Grund in eine neue Richtung lenken, Beispiel mein Verhalten zu ändern?

* Bin ich momentan im Schockzustand, so dass ich später die Sache neu aufnehmen kann?

* Gibt es Motive, die durch Mobbing entstanden, wo ich mich beraten lassen kann?

* Brauche ich noch Zeugen, die mir beistehen können?

* Habe ich durch eine neue Einstellung zur Sache den Mut, die Angelegenheit ruhen zu lassen,

Beispiel Familiendramen wie Kindesentzug?

* Habe ich eine neue Sportart oder Hobby, wo ich das alte loslassen kann?

* Ist es mir wirklich wichtig, mich beweisen zu müssen? Egofrage!

* Muss ich immer noch um Dinge kämpfen, die aussichtslos sind oder veraltet?

* Kann ich möglicherweise eine Alternative für die Situation finden, Beispiel Prüfung versemmelt?

Prüfungen kann man nachholen, wenn es um das Bestehen von Schulnoten, Abi oder Beruf geht. Holt euch Infos beim Direktor, bei der Industrie,-und Handwerkskammer und wer sonst noch zuständig ist in eurer Angelegenheit. Viel Erfolg und bitte gebt nicht auf, an eure Träume zu glauben!

Schuldgefühle

Wir Menschen sind zum Glück mit einem Gewissen ausgestattet. Dies verrät uns spätestens im Nachhinein einer Tat, ob wir Schuld aufgeladen haben. Wer Schuld an Unfällen wie Brand, Auto, Haushalt oder in Betrieben hat, stellen die Polizei, Feuerwehr, Ordnungsamt und letztlich Richter fest. Doch Schuldgefühle hat man durchaus in täglichen Situationen. Bei der Frage, liebt mich mein Partner, meine Partnerin noch? Finden mich meine Freundinnen gut genug? Habe ich bei der Erziehung meiner Kinder alles richtig gemacht?

Wir alle sind Menschen. Und in Beziehungen gibt es keine alleinige Schuld, da immer eine Aktion und Reaktion des anderen entsteht. Das bedeutet, dass durch diese Auseinandersetzung beider Partner miteinander immer Möglichkeiten entstehen, die jeden in eine andere Entscheidung lenken können. Und was für den einen Schuldgefühle auslösen lassen, ist für den anderen nichtig oder einfach eine andere Betrachtungsweise der Angelegenheit. Jeder von uns kennt Trennungen. Jeder erlebt sie anders. Jeder von uns kennt Vorwürfe, die Abhängigkeiten auslösen. Solchen zwischenmenschlichen Dialogen muss man Gehör geben und versuchen, Verletzungen im Nachhinein raus zu filtern. Entschuldigungen fallen nach einem Streit auch nicht immer leicht.

Doch hier geht es nicht um Schuld, sondern es geht um das Gefühl von Schuld. Oftmals sind eher schwächere Charaktere dem dominanteren Partner unterlegen. Durchaus wird ihnen auch Schuld eingeredet. Dies ist aber ein Mittel, um den Schwächeren an sich zu binden. In Beziehungen kann man das oft beobachten. Aber auch Mädchenfreundschaften haben solche Anteile der Manipulation. Mir fällt ein, dass ich als Kind mit so einer manipulierenden Klassenkameradin im Wettkampf stand. Eher ungewollt, doch wir beide liebten einen Jungen aus der zehnten Klasse, wir waren zwölf Jahre, der ständig zwischen uns beiden stand und auch jede abwechselnd küsste. Meine Hauptschwäche damals war, dass ich noch schüchtern war. In diesem Zustand traut man sich gar nicht zu kämpfen. Wenn man schüchtern ist, hat man meist verloren. Denn man fällt ja nicht auf. Und süß aussehen ist nicht alles. Doch als mir dieser Zustand bewusst wurde, wusste ich, dass ich mich ändern musste, sonst erreiche ich nie etwas… dann fing ich an zu kämpfen. In der Lehre wurde ich Klassensprecher. Aber nur, weil kein anderer diesen Posten annehmen wollte. Dort kämpfte ich bei den Lehrern für die Interessen der Schüler. Mut erwarb ich mir auch im Singe-Klub, denn wir sangen immer vor anderen Leuten auf einer Bühne. So machte ich dann die Erfahrung „Streber" genannt zu werden, aber das war mir nicht so wichtig als endlich erhört zu werden. Heute bin ich das Gegenteil von schüchtern. Man erntet auf einer Seite viel Respekt für seinen Mut, Entscheidungen zu treffen, doch eine kleine Gruppe Menschen nimmt Reißaus...ausgerechnet in der Familie. Traurig.

Frage dich selbst und versuche Lösungen mit dir Vertrauten zu finden:

* Wo hast du Schuldgefühle?

* Ist deine Schuld erwiesen? Wenn nicht, gehe in Berufung. Nimm dir einen Anwalt.

* Wer kann dir an diesem Ort helfen?

* Gibt es Internetadressen, die dir zusätzlich beistehen können?

* Gibt es Selbsthilfegruppen zu deinem Thema?

* Brauchst du einen Therapeuten, Psychologen, der dir beisteht? Dein Hausarzt gibt dir eine Überweisung, wenn du darum bittest. Die Wartezeiten könnten dauern, daher handle schnell.

* Wie können dir Nahestehende behilflich sein?

Schüchtern

Du bist schüchtern? Na, ich war es auch. Siehe oben bei „Schuld", wie ich es überwand. Der Charakterzug schüchtern zu sein, den musst du nicht ewig behalten. Denn er hilft dir nicht weiter im Leben. Im richtigen Moment ruhig zu sein, nichts zu sagen, ist etwas anderes. Dies ist eine bewusste Entscheidung. Sich aber nicht trauen etwas zu sagen hat viele

Ursachen. Ich nenne dir jetzt Beispiele. Mache dir bitte bewusst, was deine Auslöser sind … und dann besiege sie.

Wenn du in einem Umfeld aufwächst, wo Vater oder Mutter strenge Erziehungsregeln haben, so kann dich das einschüchtern. Aber auch geforderte religiöse Verhaltensregeln können dich prägen. Das gleiche gilt für Erzieher in Kita, Heimen, Sportschulen. Dann kommen die verschiedenen Lehrer, die unterschiedlich auf dich wirken und Einfluss haben. All diese Menschen wollen ihre Erwartungen über dich stülpen und dich in ihre Richtung erziehen oder manipulieren. Bei dir offen zugewandten Erziehungspersonen, die auch nach deiner Meinung fragen, bist du sicher auch offener und gesprächiger. Jedenfalls merkst du recht früh, in welcher Abhängigkeit Menschen zueinander stehen. Du kannst dir als Hilfe Kurse buchen und besuchen, die dir in Persönlichkeitstraining helfen. Wenn du Sprachstörungen wie Stottern oder Lispeln hast, so hilft dir ein Logopäde weiter. Lass dich von deinem Hausarzt überweisen. Ich lispelte vor der Einschulung auch. Das Sprachtraining half mir dann, mein Lispeln zu beheben.

Wenn du nur dann schüchtern bist, wenn du einen Freund oder eine Freundin anbaggern willst, so geht es vielen Menschen so, auch die sonst nicht auf den Mund gefallen sind. Denn wenn wir verliebt sind, müssen wir eine Hemmschwelle überwinden. Und diese beinhaltet, dass wir die richtigen Worte finden wollen, um unsere Gefühle zu vermitteln. Die Angst vor Ablehnung ist aber der entscheidende Teil. Da wir alle schon Ablehnung erlebt haben, wiegt die Entscheidung des geliebten Gegenübers besonders schwer. Großkotzige Jungs oder Männer sind dann ganz klein. Und das Herz pocht lauthals. Ich kann euch trösten. Die meisten Frauen finden es ganz süß, wenn ihr nicht perfekt seid und etwas stammelt. Sollte die Angebetete aber kein Interesse an dir haben, so nimm es mit Fassung. Trotz des Korbes hast du jetzt etwas dazu gelernt. Deine Kumpel werden dich trösten.

Mädchen und jungen Frauen möchte ich wichtiges auf den Weg geben. Nicht alle schönen Jungs und Männer sind auch innen schön. Einige manipulieren dich mit Verblendung. Sie geben an mit teuren Autos, mit Klamotten, Geschenken und Komplimenten, die tatsächlich zu viel erscheinen. Vorsicht besonders bei Loverboys. Ich schrieb oben bei „Angst" bereits darüber, „Angst vor dem Partner". Männer, die dich zu Nacktfotos nötigen, verlasse diese sofort. Auch wenn du ihm gefallen willst, so bist du ab der Erpressung schon längst nur sein Opfer. Er treibt dich zu erzwungenem Sex und macht dich abhängig. In einer richtigen Liebesbeziehung muss keiner von beiden den anderen zu etwas hintreiben, was er nicht will. Sex ist freiwillig.

Busengrapschen erlebte ich sogar mit achtzehn Jahren. Als ich mich in meinem Betrieb abmeldete, indem ich meine Lehre machte, grabschte der alte Mann von Bereichsleiter einfach an meine Brüste. Als Frau ist man einfach geschockt. Heute, wo ich selbstbestimmt und dominant bin, würde ich ihm eine scheuern. Aber Mädels, es passiert eben auch in völlig unerwarteten Situationen. Ich empfehle jeder und jedem, seine Schüchternheit umzuwandeln in Mut und Charakterstärke. Wie kann man das trainieren? Am schnellsten, aus meiner

Lebenserfahrung, nehmt euch einen Coach, der sich mit Rollenspielen auskennt, der verschiedene auf euch zugeschnittene Rollenspiele anbietet. Dies findet dann in einem geschützten Rahmen statt. Beispielsweise habt ihr einen strengen Vater, gegen den ihr nicht ankommt, so spielt nun der Coach (männlich oder weiblich) den Vater. Du trainierst also verbal, wie du mit deinem Vater in Zukunft kommunizieren kannst. Im Internet findest du viele Coaches, Einzelcoaching oder Gruppencoaching in deiner Nähe. Viel Erfolg.

Sexuelle Blockaden

Jeder Mensch sucht nach Nähe und Berührung. Geht es darüber hinaus, erleben die einen wunderbaren Sex miteinander, andere dulden ihn und wieder andere haben Blockaden in Bezug auf Sex und Intimität. Blockaden finden zuerst im Kopf statt. Sie hindern uns im freien Fluss unserer Gedanken und Gefühle zu sein. Woran kann das liegen? Vor allem sind es Wissen oder Unwissen über Sexualität. Vielleicht weiß man auch nicht wirklich, wie man sexuelle Lust erleben kann. Oder man hat aus Angst von einem früheren Erlebnis Blockaden, die einen abhalten sich nackt zu zeigen.

Mädchen sind vielleicht so erzogen wurden, dass sie keuch sein müssen bis zur Hochzeitsnacht. Dies ist in muslimischen Häusern anzutreffen. Während die jungen Männer frei ihrer Sexualität nachgehen, werden Mädchen und junge Frauen geächtet, wenn sie es tun. Also wenn sie erwischt werden. Die meisten Jungen und Mädchen in unserem Kulturkreis sind mittlerweile offen erzogen, so dass sie jedenfalls frei entscheiden, wann und mit wem sie Sex haben. Und sie probieren sich aus. Denn jeder lebt seine Sexualität anders. Jeder merkt früher oder später seine Vorlieben. Und dann geht auch schon mal deshalb auch eine Beziehung auseinander.

Bei der Erziehung können aber auch Leitsprüche der Eltern eine Rolle spielen, die Blockaden auslösen können. Beispielsweise:„Gib dich nicht hin wie eine Schlampe.", „Erst musst du den richtigen Mann haben.", „Die richtige Technik verhilft nur zum Orgasmus.", „Es gibt nur Sex mit Liebe zusammen." Der letzte Satz schließt aus, dass man einen Menschen nur lieben kann und mit einem anderen nur Sex haben kann. Natürlich gibt es jede Variante. Und beides kann tief und schön sein. Viele Frauen erleben aber Sexualität am tiefsten, also auch mit nicht vorgetäuschten Orgasmen, mit dem Mann, den sie lieben. Umgekehrt können die meisten Männer tatsächlich Sex haben, auch einfach nur zum Entladen von Frust und Stress nach der Arbeit. Sie können Gefühle trennen von Sex, als Ventil.

Was die Technik betrifft, so können Männer als auch Frauen dies lernen. Pornos sind nicht hilfreich. Da dort Bilder gezeigt werden, die zumeist nur das Ego des Mannes befriedigen, der sich darauf einen runterholt. Das ist auch der Grund, warum Frauen Pornos anders drehen würden. Am effektivsten ist es für den Mann, sich von seiner Partnerin anfangs zeigen zu lassen, wie man sie am besten stimuliert. Jede Frau reagiert auf unterschiedliche Berührungen und Stimulanzen. Beispielsweise kommt eine nur klitoral, die andere auch durch die Vagina, also Geschlechtsverkehr. Oftmals haben Männer einen Fetisch, auf den sie nur sexuell anspringen. Das wissen Frauen oftmals gar nicht. Sie reagieren geschockt, wenn der Partner sie in Latex sehen will oder mit High Heels im Bett. Er verlangt vielleicht Schläge auf seinem Po oder möchte sie schlagen. Dies sind Dinge, über die ich empfehle nicht im Bett, sondern vorher zu sprechen. Dabei sollte der Wunsch sorgfältig geäußert werden ohne dass man gerade rattenscharf ist und die Partnerin dadurch unter Druck setzt. Das geht nach hinten los. Unter Umständen spielt die Frau das eine Mal mit und dann ist sie weg für immer. Weil sie geschockt ist und peinlich berührt zugleich.

Bei dem Wunsch der Eltern, man müsste erst den richtigen Partner haben, liegt man durchaus auch einem Trug auf. Denn wer kennt sie nicht, reiche anständige Krawattenträger, die alles haben und einem schmeicheln? Gutes Haus, anständiges Erbe in Aussicht und von Sex überhaupt keine Ahnung. Anhand wie man als Frau von einem Mann berührt wird als auch welche Praktiken er ab dem Beginn der Beziehung einfordert, erkennt man wer er ist. Ist er nur daran interessiert, dass du ihn sexuell bedienst und berührt er dich nur an Brüsten und rubbelt etwas unten herum, kannst du von ihm lassen. Oder lass dich von ihm bezahlen. Mit Einfühlungsvermögen und gleichberechtigten Zuwendungen hat dies nichts zu tun. Wenn ein Mann an dir Interesse hat, zeigt er nicht nur Geduld, sondern auch wahres Interesse an deinen sexuellen Wünschen. Findet es gemeinsam heraus.

Frauen und Mädchen, die Vergewaltigungen erlebt haben, sind meistens blockiert was Sexualität in einer neuen Beziehung betrifft. Manchen Frauen, die sexuelles Opfer bereits als Kleinkinder wurden, verdrängen oder sind die Taten gar nicht bewusst. Sie weisen aber Partner zurück. Frauen, die in die Prostitution gezwungen wurden, haben gelernt zu überspielen. Ihr Körper funktioniert abgetrennt von Gefühlen. Außer Schmerzen. Verlieben sie sich später und heiraten, so kann es sein, dass sie sexuell trotz der Liebe zum Partner, nichts mehr spüren. Sie sind kaputt gespielt.

Auch Männer können sexuelle Gewalt erfahren haben, wie beispielsweise in Heimen, zu Hause oder auf Internaten. Für sie ist es auch ein Traumata. Darüber zu sprechen ein Tabu. Es ist peinlich. Man ist sowieso als Mann nicht richtig angesehen, wenn man petzen geht. Daher ist es in Männergefängnissen noch schlimmer. Die Eltern solcher Sexopfer wissen nichts und fragen sich, warum der Sohn keine Freundin hat. Man weiß als Betroffener auch nicht, wie man auf sein Umfeld und Freundeskreis reagieren soll. Bitte suchen Sie sich therapeutische Hilfe, sofort! Die Wartezeiten für Therapiesitzungen sind nämlich lang.

Allen Betroffenen, Mädchen, Frauen und Männer mit sexuellen Blockaden möchte ich raten, niemals aufzugeben, einen verständnisvollen Partner oder Partnerin zu finden. Habt den Mut, euch jemanden offen anzuvertrauen und die nächsten Schritte zur Bewältigung anzugehen. Es gibt oftmals Selbsthilfegruppen. Und den Weissen Ring e.V. , der dir helfen kann. Viel Glück. www.weisser-ring.de

Sozial Media Opfer

Die Sozialen Netzwerke sind heute nicht mehr weg zu denken. Die Mehrheit nutzt diese um Beziehungen zu knüpfen, freundschaftlich, partnerschaftlich, doch hauptsächlich um sich vor anderen zu zeigen. Die zieht positive wie negative Reaktionen an. Nun hast du die Wahl am Anfang als auch mittendrin, diese "Kommentarfunktion" auszuschalten. Dies ist der neutralste Weg um sich zu zeigen ohne sinnlose, dämliche oder sinnlos dämlich hasserfüllte Kommentare zu bekommen. Was tun? Also entweder Kommentarfunktion ausschalten oder beibehalten. Die meisten behalten sie an, denn bei der Anmeldung beispielsweise über ein GOOGLE-Konto, um sich einen You Tube-Account zu erstellen, entscheidet man, ob man damit Geld verdienen will oder nicht. In diesem Fall als auch nur berühmt zu werden mit Kochvideos beispielsweise, braucht man viele Likes. Diese entstehen nicht selten gerade durch negative Bewertungen. Also auch Likes, die einen bei GOOGLE hochpreschen lassen. Also es ist gut für SEO, die Suchmaschinenoptimierung für deine Videos. So, und nun sage ich dir aus Erfahrung, musst du damit leben!

Negative Bewertungen lassen dich zumindest berühmt machen. Dadurch verdienst du Geld, je nach Produkt, welches du verkaufst oder die von dir erbrachte Dienstleistung. Bei all diesen Entscheidungen, bitte bedenke, dass du älter, vielleicht Kinder haben und reifere Entscheidungen auch demzufolge treffen wirst. Möchtest du diese Zukunft aufs Spiel setzen?

Wäge ab. Deaktivierst du den Kommentarbereich, verdienst du vielleicht weniger, hast aber Ruhe...

Wenn dich Negativ-und Hetzkommentare fertig machen, so schau dir das Gesetzespaket gegen Hass und Hetze auf www.mbjv.de an.

Gesetzespaket gegen Hass und Hetze

Bundesjustizministerin vom Bundesministerium der Justiz und für Verbraucherschutz Christine Lambrecht erklärt zu dem Gesetz gegen Hass und Hetze neu:

„Ab Februar 2022 müssen soziale Netzwerke Mord-und Vergewaltigungsdrohungen und andere schwere Hassdelikte nicht nur mehr löschen, sondern auch dem Bundeskriminalamt melden."

#Bedrohung (§241 StGB)

#Beleidigung (§185 StGB)

#Beleidigung, üble Nachrede und Verleumdung gegen Personen des politischen Lebens (§188StGB)

#Antisemitische Tatmotive (§46 Abs.2 StGB)

#Schutz von Notdiensten (§115 StGB)

„Beleidigungen, üble Nachrede und Verleumdung sind nicht von der Meldepflicht umfasst, da die Abgrenzung zu von der

Meinungsfreiheit umfassten Aussagen hier im Einzelfall schwierig sein kann. Soziale Netzwerke müssen allerdings künftig Nutzerinnen und Nutzer darüber informieren, wie und wo sie Strafanzeige und erforderlichenfalls Strafantrag stellen können."

www.mbjv.de

Doch du kannst immer entscheiden, was du ins Netz stellst. Nicht alles bekommst du über einen Anwalt aus GOOGLE raus. Nämlich was du als Fotos über dein Unternehmen selbst ins Netz stellst, ist der Öffentlichkeit zugänglich, auch eben Privatfotos, die du selbst freigibst. Daher kann es dir passieren, dass deine Geschäftsfotos von einem englischen Unternehmen gekauft werden, weil sie Partner von beispielsweise meinestadt.de sind, in denen du einst Werbung gemacht hast. Bei Geschäftsaufgabe bleiben die Fotos immer noch im Netz.

Natürlich hast du auch die Möglichkeit in die Offensive zu gehen. Wenn du etwas wieder einmal hochlädst, frag die User und deine Fans, wie sie die feindlichen Kommentare gegen dich finden? Du kannst dadurch viele Likes als auch Kommentare sammeln, die du brauchst, um weiter oben bei Google zu erscheinen. Gleichzeitig erfährst du, was die Leute wirklich über dich denken. Dies kannst du nutzen, um dich zu ändern oder noch mehr zu provozieren. Wenn du Rapperin bist, sind solche User- Kommentare natürlich gewollt. Dein Image muss gepflegt werden…

Bei Mobbing (im Kapitel oben:"Mobbing") im Netz kannst du dich auf folgender Website informieren: www.antidiskriminierungsstelle.de

Traurigkeit

Es gibt Erlebnisse und Verluste, die eine unendliche Traurigkeit auslösen. Ob Erlebnisse und Situationen wie Trennungen gerechtfertigt sind, steht auf einem anderen Blatt. Diese Traurigkeit kommt tief aus dem Herzen und möchte weint ständig. Jedenfalls können diese Traurigkeit auch Männer spüren. Es ist meist der Verlust von geliebten Menschen, die weit weg von den Eltern auswanderten, die sich von ihnen trennten oder wo durch Tod Angehörige oder Kinder verloren gingen. Es gibt noch viele andere Beispiele. Doch diese lange Phase der Traurigkeit kann auch zu Depressionen führen, aus die man nicht mehr raus kommt. Bitte glaubt immer an Hoffnung und dass das Leben weiter geht. Während ich dies schreibe, weine ich mit euch, denn ich kenne diese Traurigkeit. Und ich habe das Gefühl, je älter man wird, um so schlimmer fühlt man sie auch. Ich wünsche allen Betroffenen, suchen Sie sich gute Freunde, Menschen auf die sie bauen können.

Trennung

Trennungen finden täglich überall auf der Welt statt. Ja Dualität, denn wenn wir in gut und böse denken, dann ist GUT von BÖSE getrennt, weil wir so denken. Das ist der Grund, warum sich Paare trennen, warum Kriminelle von der Gesellschaft getrennt und weggesperrt werden, warum Nichtgeimpfte anders als Geimpfte behandelt werden, warum steuerliche Angelegenheiten der Unternehmen auch unterschiedlich behandelt werden, warum es noch Kriege aus religiösen Gründen gibt und vielen Beispielen mehr. Solange wir in Kategorien und Schubladen denken, werden auch Bewertungen und Trennungen stattfinden. Dies tut weh, besonders bei Trennungen von Paaren, Gemeinden, Freunden und Betrieben – also menschliche Trennungen. Geht man aber einvernehmlich getrennte Wege, so ist der Schmerz nicht so groß beziehungsweise steht den Betroffenen die Hoffnung offen, sich eines Tages zu versöhnen.

Trennung als Paar und Ehepaar ist oftmals mit Schuldgefühlen behaftet, Schmerz, Ohnmacht, Verlust und Enttäuschung. Es ist ein gefühlter Riss im Herzen und der Seele, der enorm schmerzt und oftmals Ohnmacht spüren lässt. Wer als Kind die Scheidung seiner Eltern erlebt hat, ist extrem vorbelastet und auf der Hut solchen Gefühlen aus dem Weg zu gehen. Doch wiederholt sich bei den Familienmitgliedern oftmals das Gleiche in der nächsten Generation. Hier gilt es nun, den Trennungsschmerz bewusst zu überwinden, sich nicht in ein seelisches Loch zu stürzen oder sich mit Alkohol ständig zu betäuben. Auch Rachegelüste der verschmähten oder sitzen gelassenen Frau nützen nicht wirklich etwas. Kriminell zu handeln liegt nicht weit entfernt als Idee. Doch man sollte sich die Freunde schnappen und ihnen den Auftrag erteilen, gemeinsam einen Weg aus dem Schmerz zu finden. Freunde denke ich sind verlässliche Schultern zum Anlehnen. Sie kennen die die Stärken und Schwächen und können gut auf uns als Betroffene eingehen.

Dies sollten Freunde und Vertraute Betroffener fragen:

*Was brauchst du jetzt?

*Was könnte dir gut tun?

*Was ist der nächste Schritt?

Solange Trennungen in den Köpfen der Menschen stattfinden, solange wird es Kriege geben. Wenn wir nicht lernen auf andere zu zugehen, die anders sind, die einen anderen Glauben haben, die anders ticken als wir, die eine andere Hautfarbe oder Herkunft haben, solange müssen auch wir mit Gegenwind rechnen. Ist unser menschliches Ego so groß? Ja, es ist so groß! Doch wir haben die Chance, nicht nur aus dem gegenseitigen Leid zu wachsen, sondern auch uns die Hände zu reichen. Wenn wir uns zuhören lernen und den Willen zu gemeinsamen

Lösungen bekunden, so ist unser konstruktives Denken gefordert. Und wir entdecken auf dem Weg Liebe, Liebe, die wir in gemeinsame Projekte investieren können. Für persönliche Beziehungen, für Geschäftsbeziehungen, für familiäre Beziehungen, für die Erde, gegen die Rüstung, für den Regenwald, gegen die Klimaerwärmung, für den Frieden und die Liebe auf diesem unserem Planeten...für unsere Kinder...

Unzufriedenheit

Es gibt unter uns Menschen, die dauerhaft unzufrieden sind. Meckerer vom feinsten, fast poetisch, wenn man ihnen dauerhaft zuhört. Dieses inszenierte Theater ist jedoch Beiwerk einer kranken Psyche. Diese Pessimisten wettern in Richtung alles, was sich ihnen in den Weg stellt. Gesellschaftliche Belange sind ihnen suspekt sowie die Politik. Aber grundsätzlich andere Menschen, die ja nichts können und alles falsch entscheiden. Solchen Leuten ist nicht zu helfen. Diese Verbitterung hat irgendeinen Ursprung, wo nur Therapeuten helfen können.

Doch Unzufriedenheit haben wir alle schon erlebt. Können wir durch die Hilfe der Familie, Freunde und uns selbst nicht aus diesem Zustand heraus, so kann es passieren, dass wir Depressionen entwickeln. Diese müssen ärztlich behandelt werden. Depressive Zustände sind oftmals schleichend. Auch Frauen, die ruhig und diszipliniert ihrer Arbeit nachgehen, können daheim Quartalstrinkerinnen geworden sein. Gerade auch die aktuelle Coronakrise hat einige Abhängige hervorgebracht. Berufe der Künstlerbranche als auch die Gastronomiebranche können nicht oder nur teilweise ausgeübt werden. Es kommen die vielen Geschäftspleiten dazu, wo Inhaber verschuldet wurden. Unzufriedenheit ist ja erst einmal nur ein Anfangszustand. Dieser wird vielleicht noch von Hoffnung auf schnelle Lösungen begleitet, doch ein schleichender depressiver Zustand stellt sich vielleicht bald ein. Man traut sich nicht darüber zu sprechen. Wenn man gefragt wird, wie es einem geht, lächelt man zurück und meint „gut". Gefährlich. Bitten Sie Ihre Angehörigen, Sie in diesem Zustand der Unzufriedenheit zu begleiten und gemeinsam nach Lösungen zu suchen. Viel Erfolg.

Verlust

Verlust von Angehörigen und Kindern

Wir Menschen leben in sozialen Strukturen. Wir haben Familien oder Ersatzfamilien. Doch fehlt plötzlich jemand, bricht diese Struktur erst einmal auseinander. Sie fügt sich neu zusammen. Aber der Verlust kann noch lange zu spüren sein.

Ich habe es oftmals bei sehr lange verheirateten Paaren erlebt, dass, nachdem einer gestorben ist, der andere kurze Zeit später auch stirbt.

Plötzliche Verluste in sehr vielen Familien sind dramatische Erinnerungen, wie beispielsweise der Tsunami 2004 in Südostasien. Viele deutsche Urlauber haben ihn erlebt und nicht alle sind zurück gekommen. Das Hochwasser in Magdeburg damals, in der Eiffel in 2021, Schiffsunglücke und Brände lassen genauso wie durch den Corona- Virus aktuell Menschen einfach von uns gehen. Und es ist nochmal schlimmer, weil sie in fast allen Fällen dieser Beispiele plötzlich und allein sterben. Angehörige haben es schwer, den Verlust zu verarbeiten, weil auch die Tragik schockiert.

Bitte suchen Sie sich Vertraute und schließen sich eventuell einer Selbsthilfegruppe an, die den Schmerz und das Leid gemeinsam mit Ihnen tragen. Kinder zu verlieren, ist wie in einen endlosen Abgrund zu fallen, ist wie das Herz aus der Brust gerissen zu bekommen am lebendigen Leib.

Auf www.malteser.de finden Sie ein übersichtliche und liebevolle Angebote zur Trauerbewältigung. Trauerbewältigung für Erwachsene sowie Kinder und Jugendliche. Jederzeit kann man auch Adressen der Seelsorge anrufen und sich sofort telefonische Unterstützung holen. Hier ist man erst einmal nicht allein. Eine neutrale Person hört zu und kann Trost spenden.

www.telefonseelsorge.de

www.trauergruppe.de

www.selbsthilfenetz.de

Für Eltern, die ihre Kinder während oder kurz nach einer Geburt verloren haben, wenden sich an:

www.initiative-regenbogen.de

Menschen, die Geliebte durch Suizid verloren haben, können sich an folgende Adresse wenden:

www.agus-selbsthilfe.de

Die kostenfreie Rufnummer der Telefonseelsorge: 0800/1110111 oder 0800/1110222

Wenn Kinder andere betrauern, so gibt es wunderbare Kinderbücher, die sich diesem Thema widmen. Sollte man als Betroffener selbst die Kraft haben mit anderen zu trauern, so kann man vielleicht wöchentlich oder monatlich beisammen sitzen zu einem Termin und das weinende Trauern später in konstruktive Trauerzeit wandeln und gestalten. Nicht selten haben Verstorbene Kinder oder Erwachsene Träume gehabt, die sie nicht geschafft haben auszuleben. Wenn man sich daran erinnert und diese für die verstorbene geliebte Person auslebt, so ist das ein schöner Trost. Möglicherweise kommen Sie dann durch eine Eingebung auf die Idee eine Stiftung zu gründen oder einen Verein, der anderen Betroffenen hilft. Sie geben dieser Stiftung oder dem Verein als Gründungsnamen diesen der verstorbenen Person.

Wer an Wiedergeburt, also Reinkarnation glaubt, kann die von uns gegangene Seele in einer Meditation und im Gebet begleiten in die andere Welt. Sie kann ihr alles Gute und viel Glück auf der Reise in einen neuen Körper wünschen.

Hierzu empfehle ich mein Buch für gläubige Menschen:

"Mensch, du bist dein Boss; Mit dem freien Willen Schritt für Schritt zur Quelle zurück"

Für die Bewältigung Ihres Verlustes des oder der Liebsten, ob Kinder, Eltern, Geschwister, Großeltern und andere – viel Glück und überstehen Sie diese schwere Zeit mit optimistischem Ausgang. Das Leben geht weiter. Und die Liebsten sind in unseren Herzen...für immer.

Verlust der Firma

Besonders aktuell in Coronazeiten haben viele Menschen ihre Firma verloren. Damit meine ich besonders die Klein,- Kleinst,- und mittelständischen Firmen. Es hängen die persönlichen Investitionen dran, die man privat oder als Familie zusammengespart hatte und voller Hoffnung in das eigene oder Familienunternehmen investierte. Der finanzielle Verlust ist oft groß. Da die Hoffnung zuletzt stirbt, hat man vielleicht noch die Unterstützung vom Staat am Ende mitgenommen, doch die Mieten und Strom können nicht mehr bezahlt werden. Oder die Zulieferanten sind selbst pleite gegangen in der Zwischenzeit beziehungsweise haben Engpässe. Die Gründe sind am Ende egal. Auf der einen Seiten müssen Schulden abgeleistet werden, also neue finanzielle Wege ergründet. Die andere Seite ist die emotionale. Von dieser dürfen Sie sich nicht zu lange runter ziehen lassen. Erinnern Sie sich, welche Power Sie hatten bei Eröffnung Ihres alten Geschäftes? Kramen Sie Ihr damaliges Marketingkonzept raus und lassen sich von den positiven Worten stärken. Holen Sie sich die Ehefrau, Freunde, Partner und Vertraute heran und schreiben Sie sich neue Stichworte auf einen großen Block. Beginnen Sie neue Schritte erst einmal auf dem Papier. Sammeln Sie alles, was Ihnen spontan einfällt ohne Bewertung. Natürlich auch Festanstellungen in einem anderen Betrieb, so dass Sie durchatmen können und wieder Struktur finden. Sie hätten dadurch vorerst finanzielle Sicherheit für eine Weile. In dieser Zeit können Sie neue Übergänge schaffen, Ihr eventuelles neues Konzept den Banken vorzulegen, um Geschäftskredite zu bekommen.

Menschen, die mindestens einmal alles verloren und wieder aufstehen und neu beginnen, sind am Ende auch die erfolgreichen. Denn die harten Erfahrungen bringen uns tatsächlich nach vorne. Hier gehe ich jedoch davon aus, dass alle Beteiligten gesund sind.

Wer schwere oder nicht heilende Krankheiten bekommen hat und sein Unternehmen am Scheitern ist, der sollte alle Vorsorge erledigen, die man braucht, um sein Unternehmen in gute Nachfolgehände zu legen. Auf direkte Webseiten verzichte ich an dieser Stelle. Beim Googeln für dieses Buch finde ich nämlich im Impressum auch Hongkong für Geldkredite. Da ist doch wieder China im Spiel. Sie haben natürlich verschiedene Möglichkeiten an Kredite zu kommen für Ihre Unternehmung ohne Bank. Doch ist dringend zu raten, im Impressum der Webseiten zu schauen, in welchem Land der Sitz ist und wo der Gerichtsstand sich befindet. Des weiteren lesen Sie immer das Kleingedruckte anschließend. Entscheiden Sie mit Vertrauenspartnern gemeinsam, ob man diesen Weg gehen sollte.

Finanzielle Unterstützung von Privatleuten durch Fundraising und andere Fördermittel könnten vielleicht für Sie interessant sein, wenn Sie eine Organisation oder Stiftung gründen wollen. Schauen Sie auf:

www.buergergesellschaft.de

Nicht immer hat man den Mut, neu zu beginnen. Oder das Familienunternehmen kann nicht weiter geführt werden, weil kein Erbe vorhanden ist. In diesen Fällen schließt man diesen Lebensabschnitt sauber ab. Orientieren Sie sich jetzt, wenn Sie Zeit haben, an Ihre Hobbys, die sicher wieder aufleben wollen. Selbst hier kann eine neue Idee entstehen, wenn Sie beispielsweise künstlerische Begabungen haben, wie Keramik gestalten, schnitzen, schneidern, basteln, Autos mit Kunstbildern besprühen oder vielleicht sind Sie ein super Koch...? Ich wünsche allen auf Ihrem neuen Weg gutes Gelingen, gute Laune, Lebensmut und viel Erfolg. Und schauen Sie in die Suchanzeigen oder geben selbst Anzeigen auf, um neue Mitstreiter zu finden, eine Art Selbsthilfegruppe, die an den Start geht, um gemeinsam die Welt neu zu entdecken.

Verlust der Wohnung

Die Wohnung ist für die meisten Menschen das Heiligste, ein Rückzugsort, um seine Ruhe zu haben und sich wohl zu fühlen. Fehlt auf einmal die Wohnung, weil man sie durch höhere Gewalt nicht mehr betreten oder weil man die Miete nicht mehr zahlen kann, so ist man komplett am Eimer, jedenfalls ist man kein Mensch mehr vom Gefühl. Frauen sieht man sehr selten auf der Straße bettelnd liegen. Doch es gibt sie auch. Und Frauenhäuser sind auch irgendwann überfüllt. Wenn Sie oder jemand, den Sie kennen, von Wohnungsverlust betroffen sein sollten oder bevorsteht, zögern Sie nicht und lassen sich beraten und verschiedentlich unterstützen. Das Recht auf Wohnen gibt es zwar nicht, noch nicht, als Grundrecht in Deutschland, aber es ist ein Menschenrecht.

Ambulante Beratungsstelle der Wohnungslosenhilfe, wie Caritas und der Arbeiter-Samariter-Bund sowie in Berlin auf www.gebewo.de/wohnungsnotfallhilfe-existenzsicherung. Bei Flutopfern können Sie sehr viele Informationen auf der Webseite des Verbraucherzentrale erhalten, vom Gebäudeschutz bis hin zu Finanzhilfen.

Verrat

Mit Verrat meine ich hier wie man sich als Opfer fühlt. Natürlich fühlt man sich klein und hintergangen. Herabwürdigend ist das Spiel des Verrats. Der Verräter wie die Streiche in der Schule, wollte sein Ego vielleicht nur polieren und nutzte dabei dich. Oder die gesamte Gruppe spielt Verrat an den Klassenlehrer. Geschwister können einen an die Eltern verpetzen. Das Vertrauen wird missbraucht. Wir kennen Verrat überall, in unserem Leben, in der Politik, in der Wirtschaft und in anderen Bereichen. Oftmals sind es Vorfälle, die tatsächlich ein Richter am Ende der Beweisaufnahme mit den Anwälten abklären muss. Doch wie du dich fühlst, daran kann leider nichts beschönigt werden. Als Opfer bleibt dir aber der Neustart. Umgib dich mit guten Freunden und vertrau dich auch deiner Familie an. Findet gemeinsam Wege, dass du trotz des Verrates als Opfer weiterleben kannst.

Extreme Situationen des Verrats, die Tragödien nach sich gezogen haben, wie beispielsweise Republikflucht, von dem Militär gefasst werden, Verurteilung, Gefängnis, eventuell erzwungener Trennung vom Ehepartner, Entzug der Kinder durch den Staat, Bloßstellung, Abschiebung in den Westen, kaputte Psyche und Einsamkeit…

Ich hoffe besonders in diesen Fällen, dass Sie trotz alledem ein neues Leben starten konnten, Ihre Familie wieder zu Ihnen fand und Sie die Hoffnung nie verloren haben. Niemals!

Versuchen Sie den Schuldigern und Peinigern zu vergeben. Finden Sie Ihren Frieden...auch im Interesse Ihrer Nachkommen.

Fragen, die Vertraute an die Opfer stellen können:

*Was kann ich jetzt für dich tun?

*Was hilft dir jetzt am meisten?

*Was ist der nächste Schritt?

Vergleiche mit anderen

Sich mit anderen zu vergleichen ist im sportlichen oder betrieblichen Wettbewerb sinnvoll und herausfordernd. Doch ständige Vergleiche der Mädchen und Frauen auf Sozialen Portalen in den Medien ist bedrückend. Natürlich leben die Gesichtschirurgen hervorragend von all den Einnahmen der Damen, die dadurch ihre Komplexe kompensieren. Aber dass daran ihr Leben psychisch abhängt ist echt krank! Also Mädels, wenn ihr keine anderen Probleme habt und euch tatsächlich so minderwertig fühlt, dass ihr alle gleich aussehen wollt am Ende, dann tut das sicher auch euren Eltern sehr weh und leid. Am Anfang wollt ihr euch aus der Masse abheben und nicht wie der Durchschnitt aussehen. Doch nach all den OPs seht ihr zwar anders aber mit Gleichgesinnten gleich aus. Wie wäre es für euch, wenn ihr eure Talente vor kramt und diese ausbaut? Mit einem Talent und der Einzigartigkeit deines Aussehens, bist du bestimmt viel hübscher und bestechlicher bei deinen Usern, oder? Ich bin überzeugt. Selbst Menschen, die vermeintlich hässlich sind, haben ihr Äußeres als Marke ausgebaut und sind bekannte und jetzt einmalige Models oder Fotomodels. Und dann werden euch eure Freunde und User beneiden. Ich hoffe, ich konnte dir einen Floh ins Ohr setzen. Kennst du den Typen? Schau mal auf:www.misfitmodels.de in Hamburg und Berlin. Es werden UGLY Models gesucht. Sie sind besonders, anders und auf ihre Weise schön und interessant. www.ugly.org in London. Ich wünsche dir viel Erfolg und bleib wie du bist.

Verlassen

Wenn du verlassen wurdest, trägst du bestimmt deinen Kopf jetzt unter dem Arm. Man fühlt sich nichts wert. Man wurde klein gemacht, vielleicht gedemütigt und hintergangen. Viele Ursachen führen zum Verlassen von Menschen. Oder der andere, vielleicht eine Freundin, braucht einfach Abstand, Luft zum atmen. Oder du hast als Frau deinen Mann ständig bedrängt, er meint damit genervt. Sei nicht traurig. Das Leben geht weiter. Überlege vorab aber einmal: Hast du schon jemanden verlassen? Vielleicht die Eltern? Dann waren sie auch traurig und am Boden zerstört, falls du sie über Nacht nicht mehr besucht hast. Wenn du das verstehst, dann weist du, dass Trennungen zum Leben gehören.

Sieh deine Situation momentan als Chance an und schau, welche Möglichkeiten dir dein Leben jetzt bieten kann. Vielleicht bist du einfach nur frei. Auch wenn du mit deinen Kindern, als anderes Beispiel, verlassen wurdest, wer weiß denn, ob dir in vier Wochen nicht der Traummann über den Weg läuft. Ein Mann, den du ebenfalls lieben wirst, der dich auf Händen trägt und deine Kinder sofort aufnimmt. Schau nach vorne. Mach was neues aus deinem Leben. Trauere nicht lange nach, sonst kannst du davon auch krank werden. Was machen deine Freundinnen und Kumpels heute? Rufe sie an und lass dich wieder ins Leben tragen. Hab Spaß und sei es dir wert.

Wut

Wut ist definitiv eine auch gegen dich gerichtete selbstzerstörerische Energie. Was will ich damit sagen? Wenn du Wut auf jemanden hast, dann kann erstens ein Gewitter daraus werden, weil sich Wut als Gefühl nicht so schnell beruhigt. Und zweitens ist sie nicht nur schädlich dem anderen gegenüber, sondern sie kommt auf dich zurück. Denn Wut ist nicht konstruktiv. Außer sie zerstört. Ja, es gibt Menschen, die wollen tatsächlich ihr Wutopfer zerstören. Dies kann tatsächlich zu Krankheiten führen, besonders wenn man einst mit der Nabelschnur verbunden war. Diese Energien spüren beide Seiten auf ihre Art. Ich bitte dich, finde einen anderen Weg. Vor allem, lerne wieder zu lieben. Wenn du es schaffst dich selbst zu lieben, bist du nicht auf die Liebe des anderen angewiesen. Und ihr könnt euch bald auf gleicher Ebene wieder begegnen. Ich wünsche dir von Herzen, dass du vergeben kannst, welche Gründe dich auch immer zu dieser Wut im Bauch bewogen. Bis dahin heile die Ursachen eurer vermeintlich getrennten Liebe.

Zerrissenheit

Diagnose Borderline ist wohl das beste Beispiel für Zerrissenheit. Durch traumatische Erfahrungen aus der Vergangenheit, parallel verlassen sein und Hilflosigkeit, können dieses Krankheitsbild auslösen. Nähe und Distanz zu Menschen sind gewollt und gleichzeitig nicht zu ertragen. Man erträgt sich selbst nicht, weil auch das Selbstbild zerstört ist. Wutausbrüche und suizidale Handlungen sind oftmals Begleiterscheinungen. Die Wahrnehmung des Umfelds ist verschoben. Gefühlsschwankungen in die Extreme sind durchaus alltäglich bei ihnen.

Auf www.grenzwandler.org könnt ihr euch informieren.

Innere Konflikte nach Trennungen und Verlusten von

nahestehenden Menschen oder anderen Vertrauenspersonen sowie des Arbeitsplatzes können das Gefühl der inneren Zerrissenheit auslösen. Also auch Vertrauensthemen sowie Angstthemen, Dinge, die man nicht selbst in diesem Moment lösen kann. Oder man wird vor die Wahl gestellt beispielsweise, entweder komm mit mir im Ausland leben oder du bleibst allein hier.

Oder der Chef sagt, geh ins Ausland. Dort kannst du viel verdienen. Aber hier brauche ich dich nicht mehr. Es sind genügend Leute da.

Ein weiteres Beispiel, du stehst vor Gericht und wirst zu einer Entscheidung gedrängt. Weil deine Erwartungen komplett unter den Tisch fielen, hast du keine anderen Möglichkeiten mehr.

Zerrissenheit ist kein freiwilliger Zustand. Und nicht immer bemerkt das Umfeld, wie es einem geht. Oftmals schauspielern wir, damit keiner uns darauf anspricht. Man muss ja funktionieren!?! Doch erst recht das „funktionieren müssen" macht uns am Ende kaputt und krank. Hier helfen nur therapeutische Maßnahmen oder erst einmal drei Monate Auszeit, wer es sich erlauben und leisten kann. Vielleicht wäre auch unbezahlter Urlaub machbar, wenn man Reserven hat. Und bitte vertrauen Sie sich Freunden an oder mindestens dem Partner. Denn er oder sie hat zugesagt bei der Eheschließung: „In guten wie in schlechten Zeiten" zu Ihnen zu stehen. Ich wünsche allen Betroffenen Heilung und Hoffnung...

Überforderung

In unserer westlichen Gesellschaft ist es fast normal, dass etliche Menschen am Stress zerbrechen und krank werden durch Überforderung. Der Leistungsdruck in den Betrieben ist mehrfach enorm. Dabei ist es mittlerweile egal, ob es ein produzierender Betrieb ist oder staatliche Behörden, die oftmals direkt zuerst die Finanzkrise, dann die Flüchtlingskrise und nun die Corona-Pandemie bei der Arbeit mit Kunden spüren.

Besonders die ganz großen Firmen haben das Privileg, ihre "Untertanen" auszutauschen wie Spielzeug. Man erkennt solche Unternehmen vorab auch daran, dass sie keinen Betriebsrat haben beziehungsweise dass jedes Vorgehen eines solchen in seiner Tätigkeit untergraben wird. Die Art und Weise, wie der Umgang der Vorgesetzten mit den Mitarbeitern vollzogen wird, so erkennt man daran die Einstellung des Unternehmens zu seinen Angestellten. Von meiner Aussage sind die positiv zu nennenden Unternehmen natürlich an dieser Stelle ausgenommen.

Bitte suchen Sie Ihren Hausarzt auf, sobald Ihre Symptome schlimmer werden. Trennen Sie sich vom Arbeitgeber beispielsweise, bevor sich Ihr Körper von Ihnen trennt. Die wenigsten haben den Mut, zu ihrem Arbeitgeber zu gehen und Tacheles zu sprechen. In einem Unternehmen, wo man seine Mitarbeiter schätzt und sie behalten möchte, sorgt man auch für gesunde Sitz,-Tisch,-und Computerausstattung passend zur

Größe des jeweiligen Menschen. Einige Unternehmen lassen auch Masseure kommen für die Mitarbeiter und bezahlen auch diese Leistungen. Gutes Mittagessen ist auch wünschenswert.

Einige Menschen haben leider Krankheiten, die durch diese ständiger Erschöpfungszustände unterliegen. Diese Krankheitsbilder entstanden oftmals durch traumatische Erlebnisse, die in der Vergangenheit liegen. Sobald Erlebnisse, Worte, Lärm, Gerüche und anderes auftritt, was die jeweilige Person triggert, kann sie austicken. Dann ist das Nervensystem völlig überlastet und auch Muskeln können sich verkrampfen. Nicht selten leiden diese Menschen an Bulimie oder Borderline. Auch hier ist es erforderlich, sich als Betroffener in ärztliche und therapeutische Hände zu begeben. Der Prozess, das Leben wieder normal eines Tages anzusehen und auch zu meistern, kann unterschiedlich lang sein. Bitte geben Sie nicht auf, sollten Sie betroffen sein. Bewältigen Sie einen Schritt vor dem anderen in Ihrem Tempo, das Sie benötigen, um die Vergangenheit aufzuarbeiten und am Geschehen in der Gegenwart teilzunehmen.

Alles Gute, achten Sie auf sich. Nur wenn Sie gesund und stark sind, können auch andere von Ihnen profitieren. Vielleicht sind es Ihre Kinder, Partner, Eltern und Freunde.

Schlusswort:

Liebe Leserinnen und liebe Leser,

mein Wunsch ist, dass ich für Sie die wichtigsten Themen angesprochen habe, die Sie gerade berühren. Mut, Kraft und Zuversicht sollen Sie auf Ihrem Weg begleiten.

Wenn Sie nicht selber betroffen sind, so findet dieser Ratgeber sicher als Geschenk für Ihre Kinder oder Menschen, denen Sie helfen wollen, seinen Wert. Möge jeder seinen Platz finden, wo er sich glücklich fühlt, Freude hat und sich mit Leidenschaft entwickeln kann. Um Frieden im Herzen zu erhalten, versuchen Sie zu vergeben...

Weiteres Werk der Autorin Manuela Preuße:

"MENSCH, DU BIST DEIN BOSS,

Mit dem freien Willen Schritt für Schritt zur Quelle zurück"

2021 erschienen bei BoD

Platz für eigene Eintragungen:

Platz für eigene Adressen und Internetseiten:

Was mich stark macht: